Co

Czech

Phrase Book

CONSULTANT
Michaela Čaňková

OTHER GEM PHRASE BOOKS

DUTCH
FRENCH
GERMAN
GREEK
ITALIAN
PORTUGUESE
SPANISH
TURKISH

Also available Gem Phrase Book CD Packs

First published 1996
This edition published 2005

Reprint 10 9 8 7 6 5 4 3 2 1 0
Printed in Italy by Amadeus S.r.l

www.collins.co.uk

ISBN 0-00-720119 2

Your *Collins Gem Phrase Book* is designed to help you locate the exact phrase you need in any situation, whether for holiday or business. If you want to adapt the phrases, we have made sure that you can easily see where to substitute your own words (you can find them in the dictionary section), and the clear two-colour layout gives you direct access to the different topics.

The *Gem Phrase Book* includes:

- Over 70 topics arranged thematically. Each phrase is accompanied by a simple pronunciation guide which ensures that there's no problem over pronouncing the foreign words.
- Practical hints and useful vocabulary highlighted in boxes. Where the English words appear first in the box, this indicates vocabulary you may need. Where the blue Czech words appear first, these are words you are more likely to see written on signs and notices.

WORDS APPEARING IN BLACK ARE ENGLISH WORDS	WORDS APPEARING IN BLUE ARE CZECH WORDS

- Possible phrases you may hear in reply to your questions. The foreign phrases appear in blue.
- A clearly laid-out dictionary: English words appear in black and Czech words appear in blue.
- A basic grammar section which will enable you to build on your phrases.

It's worth spending time before you embark on your travels just looking through the topics to see what is covered and becoming familiar with what might be said to you.

Whatever the situation, your *Gem Phrase Book* is sure to help!

CONTENTS

PRONOUNCING CZECH

Czech contains some unfamiliar letters and a few difficult sounds for English speakers. The letters b d f g h k l m n p s t v x *and* z *sound the same as in English. Note that* g *is always hard as in 'lag', never soft as in 'large', and* s *is always hissed as in 'less', never like* z *as in 'Les'. The stress is always on the first syllable of the word, and we use hyphens to divide up the syllables. The letters* l *and* r *can be a syllable in their own right, eg* Vltava *(vl-ta-va),* sprcha *(sprr-kha), and* h *is always pronounced, even at the end of a word, eg* pstruh *(pstroo-h). See ALPHABET for a full list of the pronunciation symbols we use.*

c *is pronounced like 'ts' in 'bi**ts**', not like 'k' or 's'*

č *is pronounced like 'ch' in '**ch**urch'*

ch *(considered a separate letter) is pronounced like the rasping 'ch' in the Scottish word 'lo**ch**', not like 'ch' in 'church'*

š *is pronounced like 'sh' in '**sh**ut'*

j *is pronounced like 'y' in '**y**es'*

ď *is something like the sound in 'le**d y**ou'; we show this using a small raised* ^{y}*, eg* teď *(ted*^{y}*)*

ť *is something like the sound in 'le**t y**ou', eg* let' *(let*^{y}*)*

ň *is pronounced like 'ni' in 'o**ni**on', eg* Plzeň *pl-zen*^{y}

ř *is an unusual sound combining rolled 'r' and 'zh', eg* Dvorak *(dvo-'zhak). If you can't manage it try saying 'zh' instead.*

■ VOWELS

a *is pronounced as in f**a**t, not as in f**a**te*

e *is pronounced as in p**e**t, not as in P**e**te*

i *is pronounced as in pol**i**ce, not as in p**i**ll or p**i**le*

o *is pronounced as in p**o**p, not as in p**o**pe*

u *is pronounced as in bl**ue**, not as in t**u**b or t**u**be*

y *is pronounced as in hill**y**, not as in **y**eti (same sound as* i*)*

Vowels can be long or short. When the vowel is long, shown in Czech by an accent (eg ú *or* ů*), we highlight it in bold ie.* tabák *ta-b**a**k. You will also see combinations of vowels such as* au *(a*^{w}*) and* ou *(o*^{w}*), like '**ou**ch' and 'c**oa**ch' respectively.*

*In 1993 Czechoslovakia (**Československo**) split into the Czech Republic (**Česká Republika**), comprising Bohemia (**Čechy**) and Moravia (**Morava**), and Slovakia (**Slovensko**). The adjective **český** refers either generally to both the Czech lands and specifically to Bohemia. The Slovak language is slightly different to Czech, but Czech will be understood in Slovakia.*

yes
ano
a-no

no
ne
ne

excuse me/sorry/pardon?
promiňte
pro-meen^{y}-te

please/you're welcome
prosím
*pro-**see**m*

thank you
děkuji
d^{y}e-koo-yee

thanks
díky
***dee**-kee*

hi/bye *(informal)*
ahoj
a-hoy

hello *(formal)*
dobrý den
*dob-**ree** den*

goodbye *(formal)*
nashledanou
nas-hle-da-no^{w}

good morning
dobré ráno
*dob-**re** **ra**-no*

Mr...
Pane...
***pa**-ne...*

Mrs/Ms...
Paní...
*pa-**nee**...*

Miss...
Slečno...
slech-no...

good afternoon
dobré odpoledne
*dob-**re** od-po-led-ne*

good evening
dobrý večer
*dob-**ree** ve-cher*

goodnight
dobrou noc
dob-ro^{w} nots

How are you? *(formal)*
Jak se máte?
*yak se **ma**-te*

Fine, thanks
Dobře, děkuji
dob-^{r}zhe d^{y}e-koo-yee

and you?
a vy?
a vee

How are you? *(informal)*
Jak se máš?
*yak se **mash***

(informal)
a ty?
a tee

Do you speak English?
Mluvíte anglicky?
*mloo-**vee**-te an-gleets-kee*

I don't speak Czech
Nemluvím česky
*nem-loo-**vee**m ches-kee*

I need...
Potřebuji...
pot-^{r}zhe-boo-yee...

I don't understand
Nerozumím
*ne-ro-zoo-**mee**m*

KEY PHRASES

Do you have...?	any bread	any milk
Máte...?	**chleba**	**mléko**
ma-te...	*khle-ba*	*mle-ko*

Do you sell...?	Do you sell stamps?
Prodáváte...?	**Prodáváte známky?**
pro-da-va-te...	*pro-da-va-te znam-kee*

How much is it?	this one	that one
Kolik to stojí?	**tento**	**tamten**
Ko-leek to sto-yee	*ten-to*	*tam-ten*

Is there...?	Are there...?
Je tu...?	**Jsou tam...?**
ye too...	*yso^w tam...*

When...?	At what time...?	today	tomorrow
Kdy...?	**V kolik hodin...?**	**dnes**	**zítra**
kdee...	*vko-leek ho-deen...*	*dnes*	*zee-tra*

How many?	Which one?
Kolik?	**Který?**
ko-leek	*kte-ree*

Where is...?	Where are...?	Where are the toilets?
Kde je...?	**Kde jsou ...?**	**Kde jsou toalety?**
kde ye...	*kde yso^w...*	*kde yso^w to-a-le-tee*

How do I get to...?	to the station	to the centre
Jak se dostanu do/na...?	**na nádraží**	**do centra**
yak se dos-ta-noo do/na...	*na nad-ra-zhee*	*do tsen-tra*

1 ticket	2 tickets	10 tickets
jeden lístek	**dva lístky**	**deset lístků**
ye-den lees-tek	*dva leest-kee*	*de-set leest-koo*

Where is this address?	Is it far?	Please write it down
Kde to je?	**Je to daleko?**	**Zapište**
kde to ye	*ye to da-le-ko*	*za-peesh-te*

I want...
Chci...
khtsee...

I don't want it
Nechci to
nekh-tsee to

Can I...?
Mohu/Můžu...?
*mo-hoo/m**oo**-zhoo...*

Can we...?
Můžeme...?
*m**oo**-zhe-me...*

Is it...?
Je to...?
ye to...

Are they...?
Jsou...?
yso^w...

Can I smoke?
Mohu si zapálit?
*moo-hoo see za-p**a**-leet*

Can I pay?
Můžu zaplatit?
*m**oo**-zhoo za-pla-teet*

Who?
Kdo?
kdo

What?
Co?
tso

Why?
Proč?
proch

How?
Jak?
yak

I'd like...
Chci...
khtsee...

I'd like pasta
Chci těstoviny
khtsee t^yes-to-vee-nee

I'd like an ice cream
Chci zmrzlinu
khtsee zmrr-zlee-noo

We'd like...
Chceme...
khtse-me...

We'd like two cakes
Chceme dva dorty
khtse-me dva dor-tee

More...
Ještě...
yesh-t^ye...

More bread
Ještě chleba
yesh-t^ye khle-ba

More water
Ještě vodu
yesh-t^ye vo-doo

Another...
Ještě jednou...
yesh-t^ye yed-no^w

Another coffee
Ještě jednu kávu
*yesh-t^ye yed-noo k**a**-voo*

Another lager
Ještě jedno pivo
yesh-t^ye yed-no pee-vo

large
velký
*vel-k**ee***

small
malý
*ma-l**ee***

with
s
s

without
bez
bez

Please go away!
Odejděte, prosím!
*o-day-d^ye-te pro-s**ee**m*

It doesn't matter
To nevadí
*to ne-va-d**ee***

muži/ páni	gentlemen
dámy/ ženy/ paní	ladies
samoobsluha	self-service
otevřeno	open
zavřeno	closed
TAM	push
pitná voda	drinking water
POKLADNA	cash desk/ ticket office
SEM	pull
oddělení úrazů	A&E/casualty
záchody/ toalety	toilets
volno	vacant/free
OBSAZENO	occupied
první pomoc	first aid
HORKÁ	hot
STUDENÁ	cold
plno/plný	full
NEFUNGUJE	out of order
likvidace	closing down sale
k pronajmutí	for hire/rent
k prodeji	for sale

SUTERÉN ↓ — basement

přízemí — ground floor

VCHOD — entrance

první patro — first floor

vstup zakázán — no entry

VÝCHOD — exit

výtah — horse riding

nouzový východ — emergency exit

koupání zakázáno — lift

OBSAZENO — no vacancies

K VLAKU — to the train

KOUPELNA — bathroom

ŠATNY — changing rooms

nástupiště — platform

zákaz — forbidden/ no...

SLEVY — reductions

INFORMACE — information

plat'te u pokladny — pay at cash desk

nebezpečí — danger

nekuřáci — no smoking

úschovna zavazadel — left luggage

In both parts of the Czech Republic – Bohemia and Moravia – people greet each other dobrý den *(literally* ***good day****) or* ahoj *(informal for* ***hi*** *and* ***bye****).*

How do you do?/Pleased to meet you
Těší mě?
*t^{y}e-sh**ee** mn^{y}e*

This is my husband
To je můj muž
*to ye m**oo**y m**oo**zh*

This is my wife
To je má žena
*to ye m**a** zhe-na*

This is a gift for you
Tady je dárek pro vás
*ta-dee ye d**a**-rek pro v**a**s*

You have a beautiful home
Máte krásný dům
*m**a**-te kr**a**s-n**ee** d**oo**m*

You have a beautiful garden
Máte krásnou zahradu
*m**a**-te kr**a**s-no^{w} za-hra-doo*

Thanks for your hospitality
Děkujeme za vaši péči
*d^{y}e-koo-ye-me za va-shee p**e**-chee*

We'd like to come back
Rádi přijedeme zas
*r**a**-dee p^{r}zhee-ye-de-me zas*

The meal was delicious
Jídlo bylo skvělé
*y**ee**d-lo bee-lo skv^{y}e-le*

Thank you very much
Děkujeme moc
d^{y}e-koo-ye-me mots

Enjoy your holiday!
Hezkou dovolenou!
hez-ko^{w} do-vo-le-no^{w}

It was nice seeing you again
Rádi jsme vás zase viděli
*r**a**-dee ysme vas vee-d^{y}e-lee*

Please come and visit us
Přijeďte nás navštívit
*p^{r}zhee-yed^{y}-te n**a**s nav-sht**ee**-veet*

I enjoyed myself very much
Moc se mi to líbilo
*mots se mee to l**ee**-bee-lo*

We must stay in touch
Zůstaneme v kontaktu
*z**oo**-sta-ne-me v kon-tak-too*

Public holidays are as follows: January 1, Easter Monday, May 1, 8, July 5, 6, September 28, October 28 and December 24, 25 and 26. On public holidays all shops are closed. Christmas is a family holiday celebrated primarily on the evening of December 24 and then on the 25th and 26th. Easter is of less importance, but typical Czech customs are observed. Name days (the feast of the saint bearing your own name) are often celebrated as well as birthdays. The main holiday season is July/August.

I'd like to wish you... *(formal)*
Rád(a) bych vám popřál(a)...
rad(a) beekh vam pop-ʳzhal(a)...

(informal)
Rád(a) bych ti popřál(a)...
rad(a) beekh tee pop-ʳzhal(a)...

Happy Birthday!
Všechno nejlepší k narozeninám!
vshekh-no ney-lep-shee k na-ro-ze-nee-nam

Cheers!
Na zdraví!
na zdra-vee

Congratulations!
Blahopřeji!
bla-hop-ʳzhe-yee

Happy New Year!
Šťastný Nový rok!
shtʸas-tnee no-vee rok

Name day
Svátek
sva-tek

Have a good trip!
Šťastnou cestu!
shtʸas-tnoʷ tses-too

Welcome
Vítejte
vee-tey-te

(reply to this)
děkuji
dʸe-koo-yee

Happy Easter!
Veselé Velikonoce!
ve-se-le ve-lee-ko-no-tse

Merry Christmas!
Veselé Vánoce!
ve-se-le va-no-tse

Bon appetit
Dobrou chuť
dob-roʷ khootʸ

(reply to this)
děkuji
dʸe-koo-yee

see also **MAKING FRIENDS ☐ LETTERS**

There are two ways of addressing people: informal and formal. The informal one is used when talking to friends and among young people. It is better to use the formal form when meeting adults for the first time.

What is your name?
Jak se jmenujete?
yak se yme-noo-ye-te

(informal)
Jak se jmenuješ?
yak se yme-noo-yesh

My name is...
Jmenuji se...
yme-noo-yee se...

How old are you?
Kolik je vám roků?
*ko-leek ye v**a**m ro-k**oo***

(informal)
Kolik je ti roků?
*ko-leek ye tee ro-k**oo***

I'm ... years old
Je mi ... let
ye mee ... let

Where do you live?
Kde bydlíte?
*kde beed-l**ee**-te*

(informal)
Kde bydlíš?
*kde beed-l**ee**sh*

I live...
Bydlím...
*beed-l**ee**m...*

in London
v Londýně
*v lon-d**ee**-n^{y}e*

in Scotland
ve Skotsku
ve skots-koo

in the country
na venkově
na ven-ko-v^{y}e

I'm from England
Jsem z Anglie
ysem zang-lee-ye

I'm from Australia
Jsem z Austrálie
*ysem za^{w}s-tr**a**-lee-ye*

This is...
To je...
to ye...

my boyfriend
můj přítel
*m**oo**y p^{r}zh**ee**-tel*

my girlfriend
moje přítelkyně
*mo-ye p^{r}zh**ee**-tel-kee-n^{y}e*

my son
můj syn
*m**oo**y seen*

my husband
můj manžel
*m**oo**y man-zhel*

my wife
moje manželka
mo-ye man-zhel-ka

my daughter
moje dcera
mo-ye dtse-ra

Are you married?
Jste ženatý (vdaná)?
*yste zhe-na-t**ee** (vda-n**a**)*

Do you have children?
Máte děti?
*m**a**-te d^{y}e-tee*

I have children
Mám děti
*m**a**m d^{y}e-tee*

I have no children
Nemám děti
*ne-m**a**m d^{y}e-tee*

 see also **WORK ❒ LEISURE/INTERESTS ❒ SPORT**

Would you like a drink?
Chcete se něčeho napít?
*khtse-te se n^{y}e-che-ho na-p**ee**t*

Would you like to go dancing?
Chcete si jít zatancovat?
*khtse-te see **yee**t za-tan-tso-vat*

What work do you do?
Jakou práci děláte?
*ya-ko^{w} pr**a**-tsee d^{y}e-l**a**-te*

Do you enjoy it?
Líbí se vám to?
*l**ee**-b**ee** se v**a**m to*

I'm... / **a doctor** / **a teacher**
Jsem... / **doktor(ka)** / **učitel(ka)**
ysem... / *dok-tor(ka)* / *oo-chee-tel(ka)*

I work... / **in a shop** / **in a factory** / **in a bank**
Pracuji... / **v obchodě** / **v továrně** / **v bance**
pra-tsoo-yee... / *v ob-kho-d^{y}e* / *v to-v**a**r-n^{y}e* / *v ban-tse*

I don't work
Nepracuji
nep-ra-tsoo-yee

I work part-time
Pracuji na půl úvazku
*pra-tsoo-yee na p**oo**l **oo**-vaz-koo*

I'm unemployed
Jsem nezaměstnaný(á)
*ysem ne-za-mn^{y}est-na-n**ee(a)***

I'm looking for a job
Hledám práci
*hle-d**a**m pr**a**-tsee*

I work from home
Pracuji doma
pra-tsoo-yee do-ma

I'm retired
Jsem v důchodu
*ysem v d**oo**-kho-doo*

How much holiday time do you get?
Kolik máte dnů dovolené?
*ko-leek m**a**-te dn**oo** do-vo-le-n**e***

■ YOU MAY HEAR

Podnikám
*pod-nee-k**a**m*
I'm self-employed

Jsem na volné noze
*ysem na vol-n**e** no-ze*
I'm free-lance

CLEAR	**jasno** *yas-no*
RAIN	**déšť** *desht^y*
COLD	**zima/chladno** *zee-ma/khlad-no*
HOT	**horko** *hor-ko*
WARM	**teplo** *te-plo*
SUN	**slunce** *sloon-tse*
FOG	**mlha** *ml-ha*
SNOW	**sníh** *sn**ee**kh*
WIND	**vítr** *v**ee**-tr*
WEATHER FORECAST	**předpověď počasí** *p^{r}zhed-po-v^{y}ed^y po-cha-s**ee***

It's sunny
Svítí slunce
*sv**ee**-tee sloon-tse*

It's raining
Prší
*prr-sh**ee***

It's snowing
Sněží
*sn^{y}e-zh**ee***

It's windy
Je vítr
*ye v**ee**-trr*

What is the weather forecast for tomorrow?
Jaká je předpověď počasí na zítřek?
*ya-k**a** ye p^{r}zhed-po-v^{y}ed^y po-cha-s**ee** na z**ee**t-^{r}zhek*

What's the temperature?
Jaká je teplota?
*ya-k**a** ye tep-lo-ta*

It is very hot
Je hrozné horko
*ye hroz-n**e** hor-ko*

I am hot/cold
Je mi horko/zima
ye mee hor-ko/zee-ma

Will there be a storm?
Bude bouřka?
boo-de bo^{wr}zh-ka

What beautiful weather!
To je krásné počasí!
*to ye kr**a**s-n**e** po-cha-s**ee***

What awful weather!
To je hrozné počasí!
*to ye hroz-n**e** po-cha-s**ee***

■ YOU MAY HEAR

Myslím, že bude pršet
*mees-l**ee**m zhe boo-de prr-shet*
I think it will rain

Vemte si deštník
*vemte see desh-tn**ee**k*
Take an umbrella

If you want to stop someone in the street and ask directions, you should attract their attention with **Promiňte, prosím!** *(excuse me!).*

RIGHT	**vpravo** *vpra-vo*
LEFT	**vlevo** *vle-vo*
STRAIGHT ON	**rovně** *rov-nʸe*
OPPOSITE	**naproti** *na-pro-tee*
TRAFFIC LIGHTS	**semafor** *se-ma-for*
BRIDGE	**most** *most*
SQUARE	**náměstí** *na-mʸes-tee*

How do I get to...?
Jak se dostanu na/do...?
yak se dos-ta-noo na/do...

to Charles Bridge
na Karlův most
na kar-loov most

to the station
na nádraží
na nad-ra-zhee

to the market
na trh
na trr-h

to Wenceslas Square
na Václavské náměstí
na vats-lav-ske na-mnʸes-tee

Where is...?
Kde je...?
kde ye...

We're lost
Zabloudili jsme
zab-loʷ-dee-lee ysme

I don't know how to get to...
Nevím, jak se dostanu na/do...
ne-veem yak se dos-ta-noo na/do...

Is this the right way?
Jdu správně?
ydoo sprav-nʸe

Is it far?
Je to daleko?
ye to da-le-ko

Can we walk there?
Dá se tam jít pěšky?
da se tam yeet pʸesh-kee

Can you show me on the map?
Můžete mi to ukázat na mapě?
moo-zhe-te mee to oo-ka-zat na ma-pʸe

■ YOU MAY HEAR

Zahněte doprava
za-hnʸe-te dop-ra-va
Turn right

Zahněte doleva
za-hnʸe-te do-le-va
Turn left

Jděte rovně
ydʸe-te rov-nʸe
Keep straight on

see also **MAPS & GUIDES**

Coach travel is popular and if you plan to travel by coach, you should reserve a seat at the bus station. No return tickets are available, but children under 15 will get a reduction. You are encouraged to buy bus and tram tickets in advance, though tickets can also be purchased in buses for a surcharge. You can buy tickets from tobacconist's, news kiosks, ticket machines, etc. The tickets are valid for all types of city transit (metro, bus, tram).

TICKET	**lístek/jízdenka**	*lees-tek/yeez-den-ka*
COACH STATION	**autobusové nádraží**	*a^w-to-boos-o-ve na-dra-zhee*
RESERVATION	**místenka**	*mees-ten-ka*

1 ticket
jeden lístek
yed-en lees-tek

2 tickets
dva lístky
dva leest-kee

10 tickets
deset lístků
de-set leest-koo

I am going to...
Chci jet do/na...
khtsee yet do/na...

to the airport
na letiště
na le-tyeesh-tye

to the centre
do centra
do tsen-tra

to Chesky Krumlov
do Českého Krumlova
do ches-ke-ho kroom-lo-va

to Kutna Hora
do Kutné Hory
do koot-ne ho-ree

Which bus goes to...?
Ktery autobus jede do/na...?
kte-ree a^w-to-boos ye-de do/na...

Which tram goes to...?
Která tramvaj jede do/na...?
kte-ra tram-va^y ye-de do/na...

Is there a bus to...?
Jezdí autobus do...?
yez-dee a^w-to-boos do...

Where is the coach station?
Kde je autobusové nádraží?
kde ye a^w-to-boo-so-ve na-dra-zhee

Where's the timetable?
Kde je jízdní řád?
kde ye yeez-dnee 'zhad

Where do I get off?
Kde mám vystoupit?
kde mam vees-to^w-peet

 see also METRO ❐ TAXI ❐ LUGGAGE

Prague's three metro lines run from 5am until midnight every day. There are no zones and you can buy a multiple weekly ticket (not for children) or a season ticket. You must stamp your ticket before entering the metro. It is valid for one hour. These tickets allow unlimited transfers within the Prague city transport system within the alloted time. Cheaper tickets are also available, though they are limited by time or by the number of stations and transfers are not allowed. A map of the metro is on display inside every metro station. On trams and metros, a recorded announcement tells you the name of the station as you pull into it as well as the name of the next station.

Where is the metro station?
Kde je stanice metra?
kde ye sta-nee-tse met-ra

1 ticket
jeden lístek
*yed-en **lee**s-tek*

2 tickets
dva lístky
*dva **lee**s-kee*

a weekly ticket
týdenní jízdenka
***tee**-de-n**ee** **yee**z-den-ka*

How does this machine work?
Jak ten automat funguje?
yak ten a^w-to-mat foon-goo-ye

I am going to...
Jedu do...
ye-doo do...

How do I get to...?
Jak se dostanu do...?
yak se dos-ta-noo do...

Which line is it?
Jaká trasa to je?
*ya-**ka** tra-sa to ye*

Excuse me!
Promiňte!
pro-meen^y-te

I'm getting off here
Vystupuji tady
vees-too-poo-yee ta-dee

Please let me through
Nechte mě projít, prosím
*nekh-te mn^ye pro-**yee**t pro-**see**m*

TRAIN

There are 2 types of trains, slow (osobní) and faster ones **rychlík**, *expres and spěšný. International trains and some express trains are designated as Intercity or Eurocity. A surcharge is required for these trains. Train travel is much cheaper in the Czech Republic than in the West. You pay cash for your tickets (children under 15 will pay half-price). Return tickets are generally available. Food and drink can be bought on long-distance trains in dining cars. Be sure to have a reservation (místenka) when travelling on public holidays or at weekends. Some trains even require reservations.*

STATION	**nádraží** *na-dra-zhee*
TRAIN	**vlak** *vlak*
PLATFORM	**nástupiště** *na-stoo-peesh-tʸe*
SEAT	**místo** *mees-to*
TICKET	**jízdenka** *yeez-den-ka*
BOOKING OFFICE	**pokladna** *po-klad-na*
TIMETABLE	**jízdní řád** *yeezd-nee ʳzhad*
CONNECTION	**spojení** *spo-ye-nee*
SLEEPING COMPARTMENT	**spací kupé** *spa-tsee koo-pe*
COUCHETTE	**lůžko** *loozh-ko*

Where is the station?
Kde je nádraží?
kde ye nad-ra-zhee

1 single	2 singles	3 singles	to...
jednou	**dvakrát**	**třikrát**	**do...**
yed-noʷ	*dva-krat*	*tʳzhee-krat*	*do...*

1 return	2 returns	3 returns	to...
zpáteční	**dva zpáteční**	**tři zpáteční**	**do...**
zpa-tech-nee	*dva zpa-tech-nee*	*tʳzhee zpa-tech-nee*	*do...*

2 adults
dva celé
dva tse-le

1 adult and 2 children
jeden celý a dva poloviční
ye-den tse-lee a dva po-lo-veech-nee

I want to make a reservation
Chci si koupit místenku
*khtsee see ko^w-peet **mees**-ten-koo*

first class
první třídu
*prrv-**nee**t^{r}zh**ee**-doo*

second class
druhou třídu
*droo-ho^w t^{r}zh**ee**-doo*

no smoking
Nekuřáci
*ne-koo-^{r}zh**a**-tsee*

smoking
Kuřáci
*koo-^{r}zh**a**-tsee*

When is the next train?
Kdy jede další vlak?
*kdee ye-de dal-sh**ee** vlak*

to Brno
do Brna
do brr-na

to Bratislava
do Bratislavy
do bra-tees-la-vee

Which platform?
Ze kterého nástupiště?
*ze kte-**re**-ho n**a**s-too-peesh-t^{y}e*

When does it arrive?
Kdy to přijede?
kdee to p^{r}zhee-ye-de

in Brno
do Brna
do brr-na

in Bratislava
do Bratislavy
do bra-tees-la-vee

What time does it leave?
V kolik hodin to odjíždí?
*vko-leek ho-deen to od-**yee**zh-d**ee***

At what time?
V kolik hodin?
vko-leek ho-deen

Do I have to change?
Musím přesedat?
*moo-s**ee**m p^{r}zhe-se-dat*

Where?
Kde?
kde

Is this the train...?
Je toto vlak...?
ye to-to vlak...

for Brno
do Brna
do brr-na

for Bratislava
do Bratislavy
do bra-tees-la-vee

Excuse me *(to get by)*
S dovolením
*sdo-vo-le-n**ee**m*

Is this seat free?
Je tady volno?
ye ta-dee vol-no

see also **LUGGAGE**

Only get into cars which display the sign TAXI. *Taxi drivers will probably only speak very basic English. Make sure they switch on the meter when you get in and keep an eye on the total sum. If you suspect you are being overcharged, ask for a receipt. A tip is expected. Prague taxi drivers are known to overcharge, and foreign visitors are an easy target. It is safer to call for a taxi (ask at a hotel or restaurant) than to get into one on the street.*

Where can I get a taxi?
Kde najdu taxi?
kde na^y-doo tak-see

to the coach station
na autobusové nádraží
*na a^w-to-boo-so-**ve** n**a**d-ra-zh**ee***

I want to go to...
Chci jet do/na...
khtsee yet do/na...

to the city centre
do centra města
do tsen-tra mn^yes-ta

How much is it...?
Kolik to stojí...?
*ko-leek to sto-y**ee**...*

to this address
na tuto adresu
na too-to ad-re-soo

to the airport
na letiště
na le-teesh-t^ye

Please stop here
Zastavte tady, prosím
*zas-tav-te ta-dee pro-s**ee**m*

I'd like a receipt
Dejte mi, prosím, potvrení
*dey-te mee pro-s**ee**m pot-vrr-ze-n**ee***

You're driving too fast
Jedete příliš rychle
*ye-de-te p^rzh**ee**-leesh-reekh-le*

It is too expensive
To je příliš drahé
*to ye p^rzh**ee**-leesh dra-h**e***

I'm in a hurry
Pospíchám
*pos-p**ee**-kh**a**m*

Please wait
Počkejte, prosím
*poch-key-te pro-s**ee**m*

Keep the change
Nechte si drobné
*nekh-te see drob-n**e***

Switch on the meter, please
Zapněte taxametr, prosím
*zap-n^ye-te tak-sa-me-trr pro-s**ee**m*

This is more than on the meter
To je víc než na taxametru
*to ye v**ee**ts nezh na tak-sa-met-roo*

see also **LUGGAGE ❒ BUS ❒ METRO ❒ TAXI**

Prague has an extensive tramway network. Trams operate from 5am to midnight and the intervals range from 4 minutes in the rush hour to 20 minutes in the early morning and evening. After midnight there are so-called night trams. Night tram intervals are about 30 minutes and the system covers all the day tram lines and goes to the central station where you can change lines. Prague's transport system is integrated, meaning there is only one ticket needed for using the bus, tram and metro systems.

When is the next tram to...?
Kdy jede tramvaj do...?
kdee ye-de tram-vay do...

Is there a tram to...?
Jezdí tramvaj do...?
*yez-**dee** tram-vay do...*

Have you a timetable?
Máte jízdní řád?
*m**a**-te y**ee**zd-nee ʼzha*

How much is a ticket...?
Kolik stojí jízdenka...?
*ko-leek sto-**yee** **yee**z-den-ka...*

A tourist ticket
Turistická jízdenka
*too-rees-teets-k**a** y**ee**z-den-ka*

Most signs are in Czech and English and you may go through the airport without having to speak any Czech. The two international airports in the Czech Republic are **Ruzyně** *(in Prague) and* **Ostrava.** *Local tourist offices will have information on how to get there.*

AIRPORT	**letiště** *le-teesh-t^{y}e*
ARRIVALS	**přílety** *p'zh**ee**-le-tee*
DEPARTURES	**odlety** *od-le-tee*
FLIGHT	**let** *le-teesh-t^{y}e*
DOMESTIC	**vnitrostátní** *vnee-tro-st**a**t-n**ee***
INTERNATIONAL	**mezinárodní** *me-zee-n**a**-rod-n**ee***
GATE	**(číslovaný) východ** *(ch**ee**s-lo-va-n**ee**) v**ee**-khod*
DELAY	**zpoždění** *zpo-zhd^{y}e-n**ee***

To the airport, please
Na letiště, prosím
*na le-t^{y}eesh-t^{y}e pro-s**ee**m*

I am going to...
Chci jet do...
khtsee yet do...

Is there a bus to the airport?
Jezdí na letiště autobus?
*yez-d**ee** na le-t^{y}eesh-t^{y}e a^{w}-to-boos*

I want to reconfirm my flight
Chci potvrdit let
khtsee pot-vrr-deet let

When will the flight leave?
Kdy odlétá letadlo?
*kdee od-l**e**-t**a** le-tad-lo*

How much is it to the airport?
Kolik to stojí na letiště?
*ko-leek to sto-y**ee** na le-t^{y}eesh-t^{y}e*

My flight is at ... o'clock
Odlétám v ... hodin
*od-l**e**-t**a**m v ... ho-deen*

into town
do města
do mn^{y}es-ta

to London
do Londýna
*do lon-d**ee**-na*

to Glasgow
do Glasgow
do glasgow

■ YOU MAY HEAR

Běžte k východu číslo...
*b^{y}ezh-te k v**ee**-kho-doo ch**ee**s-lo...*
Go to gate number...

Let ... je opožděn
let ... ye o-pozh-d^{y}en
Flight ... is delayed

 see also **LUGGAGE ❒ BUS ❒ METRO ❒ TAXI**

The limits for alcohol and tobacco are the same as for the rest of the EU. Goods worth up to £70 can be imported free. Presents can be exported without limit, apart from antiques and weapons. When entering the country, you may be required to change a minimum of 500 Kč for each day of your stay.

PASSPORT	**pas** *pas*
CUSTOMS CONTROL	**celní kontrola** *tsel-n**ee** kon-tro-la*
ALCOHOL	**alkohol** *al-ko-hol*
TOBACCO	**tabák** *ta-b**a**k*
DRUGS	**drogy** *dro-gee*

Do I have to pay duty on this?
Musím za to platit clo?
*moo-s**ee**m za to pla-teet tslo*

It is a gift
To je dárek
*to ye d**a**-rek*

I bought this in Britain
To jsem koupil(a) v Británii
*to ysem ko^w-peel(a) v bree-t**a**-nee-yee*

It is my medicine
To je můj lék
*to ye m**oo**y l**e**k*

The children are on this passport
Děti jsou zapsané v tomto pase
*d^{y}e-tee yso^w zap-sa-n**e** v tom-to pa-se*

I bought this duty-free
Koupil(a) jsem to bez cla
ko^w-peel(a) ysem to bez tsla

I bought this duty-paid
Koupil(a) jsem to se clem
ko^w-peel(a) ysem to se tslem

one way

slow down

be careful

exit

hospital

no parking

VŠECHNY SMŮRY

all routes

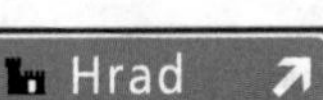

castle

OBJÍŽĎKA

diversion

Prague

danger

give way

customs

multi-storey parking

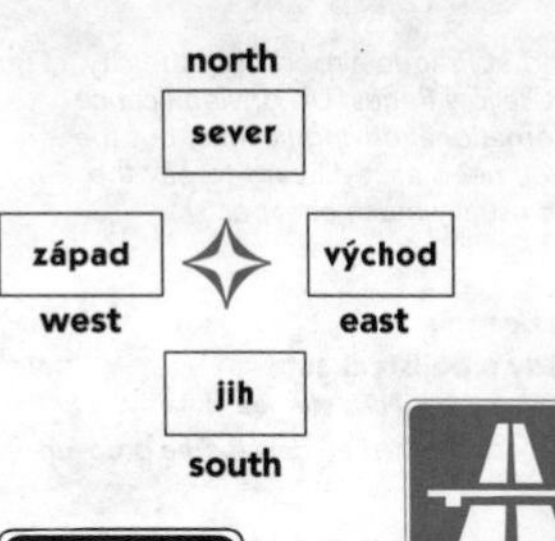

north
west
east
south

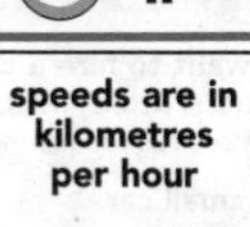

speeds are in kilometres per hour

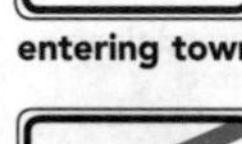

entering town

motorway

leaving town

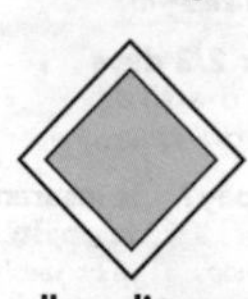
yellow diamond indicates priority road

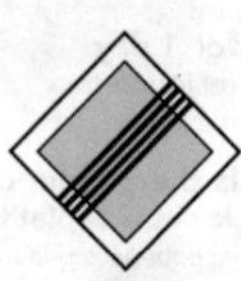
end of priority road

PO-PÁ 8-20

weekdays from 8 to 20h

parking

P

volno

spaces

P

obsazeno

full

CAR HIRE

Big car hire firms can be found at Prague airport or in the city centre. For addresses consult Yellow Pages. UK driving licence holders do not require an international driving licence, but the minimum driving age is 21. You need a credit card to pay the big firms; small local firms are usually much cheaper.

KEYS	**klíče** *kl**ee**-che*
INSURANCE DOCUMENTS	**doklady o pojištění auta** *do-kla-dee o po-jeesh-t^{y}e-n**ee** a^{w}-ta*
DRIVING LICENCE	**řidičský průkaz** *^{r}zhee-deech-sk**ee** pr**oo**-kaz*

I want to hire a car
Chci si pronajmout auto
khtsee see pro-na^{y}-mo^{w}t a^{w}-to

Where can I hire a car?
Kde si mohu pronajmout auto?
kde see mo-hoo pro-na^{y}-mo^{w}t a^{w}-to

a small car
malé auto
*ma-l**e** a^{w}-to*

a large car
velké auto
*vel-k**e** a^{w}-to*

with airconditioning
s klimatizací
*s klee-ma-tee-za-ts**ee***

for 1 day
na jeden den
na ye-den den

for 2/3 days
na dva/tři dny
na dva/t^{r}zhee dnee

for 1 week
na týden
*na t**ee**-den*

Is there a deposit to pay?
Je nutné zaplatit zálohu?
*ye noot-n**e** zap-la-teet z**a**-lo-hoo*

Is insurance included?
Je pojištění zahrnuto v ceně?
*ye po-yeesh-t^{y}e-n**ee** za-hrr-noo-to v tse-n^{y}e*

Is there a charge per kilometre?
Platí se podle kilometrů?
*pla-t**ee** se pod-le kee-lo-met-r**oo***

What petrol does it take?
Na jaký benzín to jezdí?
*na ya-k**ee** ben-z**ee**n to yez-d**ee***

We will both be driving
Oba dva budeme řídit
*o-ba dva boo-de-me ^{r}zh**ee**-deet*

What time do you close?
V kolik hodin zavíráte?
*vko-leek ho-deen za-v**ee**-r**a**-te*

see also **BREAKDOWN ❒ PETROL**

The main road signs are international and the speed limits are: motorway –130 km/h; built-up areas – 50 km/h; other roads – 90 km/h. In cases of speeding or drunken driving, police will give on-the-spot fines. No alcohol is allowed when driving in the Czech Republic. For motorways you need a sticker (**dálniční nálepka**) *available at the border or at post offices. All cars must be equipped with a set of spare bulbs, a first-aid kit and warning triangles and drivers must carry a valid driving licence and vehicle registration card.*

Can I park here?
Mohu zde zaparkovat?
mo-hoo zde za-par-ko-vat

For how long?
Jak dlouho?
yak dlo^w-ho

Where can I park?
Kde mohu zaparkovat?
kde mo-hoo za-par-ko-vat

Do I need a parking disk?
Potřebuji povolení k parkování?
*pot-ʳzhe-boo-yee po-vo-le-**nee** k par-ko-v**a-nee***

We're driving to...
Jedeme do...
ye-de-me do...

Is the road good?
Je to dobrá silnice?
*ye to dob-r**a** seel-nee-tse*

■ **YOU MAY HEAR**

Váš řidičský průkaz
*vash ʳzhee-deech-sk**ee** pr**oo**-kaz*
Your driving licence

Tady nesmíte parkovat
*ta-dee nes-m**ee**-te par-ko-vat*
You can't park here

see also **BREAKDOWN ❒ PETROL**

PETROL STATION	**čerpací stanice** *cher-pa-tsee sta-nee-tse*
PETROL	**benzín** *ben-zeen*
DIESEL	**nafta** *naf-ta*
UNLEADED PETROL	**bezolovnatý benzín/natural** *bez-o-lov-na-tee ben-zeen/na-too-ral*

There are lots of petrol stations, some open 24 hours a day. In more remote areas they close for lunch. They are self-service and most of them sell unleaded petrol. Sometimes they include a shop/toilets. They take credit cards as well as cash.

Where is the nearest petrol station?
Kde je nejbližší čerpací stanice?
kde ye ney-bleezh-shee cher-pa-tsee sta-nee-tse

Please check the oil
Zkontrolujte olej, prosím
zkon-tro-looy-te o-ley pro-seem

Please check the water
Zkontrolujte vodu, prosím
zkon-tro-looy-te vo-doo pro-seem

Please check the tyres
Zkontrolujte pneumatiky, prosím
zkon-tro-looy-te pne^{w}-ma-tee-kee pro-seem

Can I pay by credit card?
Mohu platit kreditní kartou?
mo-hoo pla-teet kre-deet-nee kar-to^{w}

■ YOU MAY HEAR

U kterého stojanu jste tankoval?
oo kte-re-ho sto-ya-noo yste tan-ko-val
Which pump did you use?

Nemáme...
ne-ma-me...
We have no...

Potřebujete doplnit olej/vodu/vzduch
pot-'zhe-boo-ye-te do-pl-neet o-ley/vo-doo/vzdookh
You need some oil/water/air

see also **BREAKDOWN ❐ CAR**

If your car breaks down, dial 154 for Prague, 0123 for other parts of the country. **ÚAMK** *is the Czech equivalent to the AA. You should use a breakdown triangle. Garages tend to specialize in particular makes of car.*

My car has broken down
Mám porouchané auto
*m**a**m po-ro[w]-kha-n**e** a[w]-to*

I've run out of petrol
Došel mi benzín
*do-shel mee ben-z**ee**n*

The engine won't start
Nemohu nastartovat
ne-mo-hoo nas-tar-to-vat

I don't know what's wrong
Nevím, co s tím je
*ne-v**ee**m tso s t**ee**m ye*

I have a flat tyre
Mám píchlou pneumatiku
*m**a**m p**ee**-khlo[w] pne[w]-ma-tee-koo*

Where is the nearest garage?
Kde je nejbližší autoservis?
*kde ye ney-bleezh-sh**ee** a[w]-to-ser-vees*

Can you repair it?
Můžete to opravit?
*m**oo**-zhe-te to op-ra-veet*

How long will it take?
Jak dlouho to bude trvat?
yak dlo[w]-ho to boo-de trr-vat

How much will it cost?
Kolik to bude stát?
*ko-leek to boo-de st**a**t*

Can you help me?
Můžete mi pomoct?
*m**oo**-zhe-te mee po-motst*

The battery is flat
Mám vybitou baterii
*m**a**m vee-bee-to[w] ba-te-ree-yee*

The engine is overheating
Motor se přehřívá
*mo-tor se p'zheh-'zh**ee**-v**a***

see also **CAR PARTS**

The ... doesn't work	**The ... don't work**
... nefunguje	**... nefungují**
... ne-foon-goo-ye	*... ne-foon-goo-y**ee***

PARTS

accelerator **plyn** *pleen*
alternator **alternátor** *al-ter-**na**-tor*
battery **baterie** *ba-te-ree-ye*
brakes **brzdy** *brrz-dee*
choke **sytič** *see-teech*
clutch **spojka** *spoy-ka*
engine **motor** *mo-tor*
exhaust pipe **výfuk** ***vee**-fook*
fuse **pojistka** *po-yeest-ka*
gears **rychlosti** *reekh-los-tee*
handbrake **ruční brzda** *rooch-**nee** brrz-da*
headlights **přední světla** *p'zhed-**nee** sv'et-la*
ignition **zapalování** *za-pa-lo-**va**-**nee***
indicator **blinkr** *bleen-krr*
locks **zámky** ***zam**-kee*
radiator **topení** *to-pe-**nee***
reverse gear **zpátečka** ***zpa**-tech-ka*
seat belt **bezpečnostní pásy** *bez-pech-nost-**nee** **pa**-see*
spark plug **svíčka** ***sveech**-ka*
steering **řízení** *'**zhee**-ze-**nee***
steering wheel **volant** *vo-lant*
tyre **pneumatika** *pne[w]-ma-tee-ka*
wheel **kolo** *ko-lo*
windscreen **přední sklo** *p'zhed-**nee** sklo*
windscreen wiper **stěrač předního skla** *st'e-rach p'zhed-**nee**-ho skla*

see also **BREAKDOWN** ❐ **PETROL**

You can find accommodation in hotels, guesthouses, hostels and private houses. Hotels are given star ratings up to 5 stars, the most common being those with 2 or 3 stars. Breakfast may be included in the price in big hotels. Hotel rooms usually have bath or shower. The local tourist office will have details about accommodation in private houses, which is generally cheaper.

HOTEL/GUESTHOUSE **hotel/penzion** *ho-tel/pen-zee-on*

VACANCIES/NO VACANCIES **volné pokoje/obsazeno** *vol-**ne** po-ko-ye/ob-sa-ze-no*

Is there a hotel here?
Kde tu najdu hotel?
kde too na^y-doo ho-tel

I want to book a room
Chci si zamluvit pokoj
khtsee see zam-loo-veet po-koy

Have you a room?
Máte volný pokoj?
*m**a**-te vol-**nee** po-koy*

for tonight
na dnes
na dnes

for tomorrow
na zítra
*na z**ee**t-ra*

I/we want to stay...
Chci/chceme se ubytovat na...
khtsee/khtse-me se oo-bee-to-vat na...

How much is it per night?
Kolik stojí jedna noc?
*ko-leek sto-y**ee** yed-na nots*

1 night
jednu noc
yed-noo nots

2 nights
dvě noci
dv^ye no-tsee

3 nights
tři noci
t^rzhee no-tsee

1 week
týden
***tee**-den*

I want...
Chci...
khtsee...

a single room
pokoj pro jednu osobu
po-koy pro yed-noo o-so-boo

a double room
pokoj pro dvě osoby
po-koy pro dv^ye o-so-bee

a room for 3 people
pokoj pro tři osoby
po-koy pro t^rzhee o-so-bee

with bath
s koupelnou
s ko^w-pel-no^w

with shower
se sprchou
se sprr-kho^w

cont...

I'd like...
Chtěl(a) bych...
kht^{y}el(a) beekh...

a quiet room
tichý pokoj
*t^{y}ee-**khee** po-koy*

a room on the ground floor
pokoj v přízemí
*po-koy v p^{r}zh**ee**-ze-m**ee***

a room with a balcony
pokoj s balkonem
po-koy s bal-ko-nem

Is breakfast included?
Je v ceně zahrnuta snídaně?
*ye v tse-n^{y}e za-hrr-noo-ta sn**ee**-da-n^{y}e*

Have you anything cheaper?
Nemáte něco levnějšího?
*ne-m**a**-te n^{y}e-tso lev-n^{y}ey-sh**ee**-ho*

I want to see the room
Chci si ten pokoj prohlédnout
*khtsee see ten po-koy pro-hl**e**d-no^{w}t*

The room is too small
Tento pokoj je příliš malý
*ten-to po-koy ye p^{r}zh**ee**-leesh ma-l**ee***

Is there anywhere else to stay?
Jsou tu ještě další možnosti ubytování?
*yso^{w} too yesh-t^{y}e dal-sh**ee** mozh-nos-tee oo-bee-to-v**a**-n**ee***

■ YOU MAY HEAR

Na kolik nocí?
*na ko-leek no-ts**ee***
For how many nights?

Váš pas, prosím
*v**a**sh pas pro-s**ee**m*
Your passport, please

Vaše jméno, prosím
*va-she ym**e**-no pro-s**ee**m*
Your name, please

Máme obsazeno
*m**a**-me ob-sa-ze-no*
We are full up

These phrases are intended for use at the hotel desk.

I've reserved...
Rezervoval(a) jsem si...
re-zer-vo-val(a) ysem see...

a room
pokoj
po-koy

My name is...
Jmenuji se...
yme-noo-yee se...

Please can I see the room
Mohu si prohlédnout ten pokoj
*mo-hoo see proh-l**e**d-no^{w}t ten po-koy*

I don't want this room
Nechci tento pokoj
nekh-tsee ten-to po-koy

Have you a different room?
Máte jiný pokoj?
***ma**-te yee-**nee** po-koy*

Where can I park the car?
Kde si mohu zaparkovat auto?
kde see mo-hoo za-par-ko-vat a^{w}-to

What time is breakfast?
V kolik hodin je snídaně?
*vko-leek ho-deen ye sn**ee**-da-n^{y}e*

What time is dinner?
V kolik hodin je večeře?
vko-leek ho-deen ye ve-che-^{r}zhe

I'd like an early morning call
Prosil(a) bych vzbudit brzy ráno
*pro-seel(a) beekh vzboo-deet brr-zee **ra**-no*

at 6
v šest
v shest

at 7
v sedm
v se-doom

The key, please
Klíč, prosím
*kl**ee**ch pro-s**ee**m*

Room number...
Číslo pokoje...
*ch**ee**-slo po-ko-ye...*

We will be back late
Vrátíme se pozdě
*vr**a**-**tee**-me se poz-d^{y}e*

Are there any messages for me?
Nechal mi tu někdo vzkaz?
ne-khal mee too n^{y}ek-do vzkaz

I'm leaving tomorrow
Zítra odjíždím
*z**ee**t-ra od-**yee**zh-d**ee**m*

I'd like the bill
Chtěl(a) bych účet
*kht^{y}el(a) beekh **oo**-chet*

There are lots of camp sites and prices are reasonable, though the equipment is often very basic. There is usually a shop and a simple place to eat, but not necessarily hot water or acceptable toilets.

DRINKING WATER	**pitná voda** *peet-n**a** vo-da*
SHOWERS	**sprchy** *spr-khee*
OFFICE/RECEPTION	**recepce** *re-tsep-tse*
TENT	**stan** *stan*

Is there a camp site?
Je tu kemp?
ye too kemp

Where is the camp site?
Kde je kemp?
kde ye kemp

We want to stay...	**1 night**	**2 nights**	**3 nights**
Chceme zde zůstat...	**jednu noc**	**dvě noci**	**tři noci**
*khtse-me zde **zoo**-stat...*	*yed-noo nots*	*dv[y]e no-tsee*	*t'zhee no-tsee*

How much is it per night...?
Kolik platíme za jednu noc...?
*ko-leek pla-**tee**-me za yed-noo nots...*

for a tent	**for a car**	**per person**
za stan	**za auto**	**za osobu**
za stan	*za a[w]-to*	*za o-so-boo*

Are there toilets/showers?
Jsou tu záchody/sprchy?
*yso[w] too z**a**-kho-dee/sprr-khee*

Is there a shop/restaurant?
Je tu obchod/restaurace?
ye too ob-khod/res-ta[w]-ra-tse

Where is the drinking water?
Kde je pitná voda?
*kde ye peet-n**a** vo-da*

Is there hot water?
Je tu horká voda?
*ye too hor-k**a** vo-da*

■ YOU MAY HEAR

Tohle je vaše číslo
*toh-le ye va-she ch**ee**s-lo*
This is your number

Pověste si to na stan
po-v[y]es-te see to na stan
Place it on your tent

see also **SIGHTSEEING & TOURIST OFFICE**

Can you give us an extra set of keys?
Můžeme dostat klíče navíc?
*m**oo**-zhe-me do-stat kl**ee**-che na-v**ee**ts*

When does the cleaner come?
Kdy přijde uklízečka?
*kdee p'zhee-yde oo-kl**ee**-zech-ka*

Who do we contact if there are problems?
Když bude problém, koho máme zavolat?
*kdeezh boo-de pro-bl**e**m, ko-ho m**a**-me za-vo-lat*

How does the heating work?
Jak funguje topení?
*yak foon-goo-ye to-pe-n**ee***

Is there always hot water?
Teče teplá voda stále?
*te-che te-pl**a** vo-da st**a**-le*

Where is the nearest supermarket?
Kde je nejbližší obchod?
*kde ye ney-bleezh-sh**ee** ob-khod*

Where do we leave the rubbish?
Kam máme dávat odpadky?
*kam m**a**-me d**a**-vat od-pad-kee*

When is the rubbish collected?
Kdy se odváží odpad?
*kdee se od-v**a**-zh**ee** od-pad*

Where are the recycling containers?
Kde jsou kontejnery na recyklaci?
kde yso^w kon-tey-ne-ree na re-tsee-kla-tsee

What are the neighbours called?
Jak se jmenují sousedi?
*yak se yme-noo-y**ee** so^w-se-dee*

Most large shops and department stores are open 9am to 6pm Mon–Fri, and until lunchtime on Saturdays. In larger cities there are often malls with extended opening hours and a 'hypermarket' that is often open 24 hours. Smaller shops close for lunch. The same applies to holiday resorts. Good buys are CDs, glass, wooden articles, leather goods and books on art.

OPEN	**otevřeno** *o-tev-'zhe-no*
CLOSED	**zavřeno** *zav-'zhe-no*
SALE	**výprodej** *vee-pro-dey*
CASH DESK	**pokladna** *po-klad-na*
REDUCTION	**sleva** *sle-va*

Where are the shops?
Kde jsou obchody?
kde yso^w ob-kho-dee

I am looking for...
Hledám...
hle-dam...

Where's the nearest...?
Kde je nejbližší...?
kde ye ney-bleezh-shee...

supermarket
supermarket
soo-per-mar-ket

baker's
pekařství
pe-ka'zh-stvee

Is there a market?
Je tu někde trh?
ye too n^yek-de trr-h

Where is the market?
Kde je trh?
kde ye trr-h

How much is it?
Kolik to stojí?
ko-leek to sto-yee

Is it open?
Je otevřeno?
ye o-tev-'zhe-no

When does it close?
Kdy se zavírá?
kdee se za-vee-ra

It is too expensive
To je moc drahé
to ye mots dra-he

Do you sell...?
Prodáváte...?
pro-da-va-te...

stamps
známky
znam-kee

milk
mléko
mle-ko

bread
chleba
khle-ba

batteries
baterie
ba-te-ree-ye

■ YOU MAY HEAR

Co si přejete?
tso see p'zhe-ye-te
What would you like?

Ještě něco?
yesh-t^ye n^ye-tso
Anything else?

antiques	**starožitnictví** *sta-ro-zheet-neets-t**vee***
baker's	**pekařství/pečivo** *pe-ka^{r}zh-st**vee**/pe-chee-vo*
bookshop	**knihkupectví** *kneeh-koo-pets-t**vee***
butcher's	**řeznictví** *^{r}zhez-neets-t**vee***
cake shop	**cukrárna** *tsook-**rar**-na*
clothes *(women's)*	**dámské oděvy** *d**a**m-sk**e** o-d^{y}e-vee*
clothes *(men's)*	**pánské oděvy** *p**a**n-sk**e** o-d^{y}e-vee*
department store	**obchodní dům** *ob-khod-n**ee** d**oo**m*
electrical goods	**elektrické přístroje** *e-lek-treets-k**e** p^{r}zh**ee**s-tro-ye*
fishmonger's	**ryby** *ree-bee*
furniture	**nábytek** *n**a**-bee-tek*
gifts	**dárky** *d**a**r-kee*
greengrocer's	**zelenina** *ze-le-nee-na*
grocer's	**potraviny** *pot-ra-vee-nee*
hairdresser's	**kadeřnictví** *ka-de^{r}zh-neets-t**vee***
ironmonger's	**železářství** *zhe-le-z**a**^{r}zh-st**vee***
jeweller's	**klenoty** *kle-no-tee*
market	**trh** *trr-h*
optician	**optik** *op-teek*
pharmacy	**lékárna** *l**e**-k**a**r-na*
secondhand bookshop	**antikvariát** *an-tee-kva-ree-y**a**t*
self-service	**samoobsluha** *sa-mo-ob-sloo-ha*
shoe shop	**obuv** *o-boov*
shop	**obchod** *ob-khod*
souvenir shop	**dárkové zboží** *d**a**r-ko-v**e** zbo-zh**ee***
stationer's	**papírnictví** *pa-p**ee**r-neets-t**vee***
supermarket	**supermarket** *soo-per-mar-ket*
sweet shop	**cukrárna** *tsook-**rar**-na*
tobacconist's	**tabák** *ta-b**a**k*
toy shop	**hračky** *hrach-kee*

FOOD (GENERAL)

biscuits	**sušenky** *soo-shen-kee*
bread	**chleba** *khle-ba*
bread roll	**rohlík** *roh-leek*
butter	**máslo** *mas-lo*
cakes	**zákusky/koláče** *za-koos-kee/ko-la-che*
cheese	**sýr** *seer*
chicken	**kuře** *koo-^{r}zhe*
chocolate	**čokoláda** *cho-ko-la-da*
coffee *(instant)*	**káva (instantní)** *ka-va (een-stan-tnee)*
cream	**smetana** *sme-ta-na*
crisps	**brambůrky** *bram-boor-kee*
eggs	**vajíčka** *va-yeech-ka*
fish	**ryba** *ree-ba*
flour	**mouka** *mo^w-ka*
ham	**šunka** *shoon-ka*
honey	**med** *med*
jam	**džem** *dzhem*
lamb	**jehněčí** *yeh-n^{y}e-chee*
margarine	**margarín** *mar-ga-reen*
milk	**mléko** *mle-ko*
olive oil	**olivový olej** *o-lee-vo-vee o-ley*
orange juice	**pomerančový džus** *po-me-ran-cho-vee dzhoos*
pasta	**těstoviny** *t^{y}es-to-vee-nee*
pepper	**pepř** *pep^{r}zh*
rice	**rýže** *ree-zhe*
salt	**sůl** *sool*
stock cubes	**masox** *ma-soks*
sugar	**cukr** *tsoo-krr*
tea	**čaj** *cha^y*
vinegar	**ocet** *o-tset*
yoghurt	**jogurt** *yo-goort*

■ FRUITS

apples	**jablka** *ya-bl-ka*
apricots	**meruňky** *me-roon*^{y}*-kee*
bananas	**banány** *ba-**na**-nee*
cherries	**třešně** ^{r}*zhesh-n*^{y}*e*
dates	**datle** *dat-le*
figs	**fíky** ***fee**-kee*
grapefruit	**grep** *grep*
grapes	**hrozny** *hroz-nee*
lemons	**citróny** *tsee-**tro**-nee*
melon	**meloun** *me-lo*^{w}*n*
nectarines	**nektarinky** *nek-ta-reen-kee*
oranges	**pomeranče** *po-me-ran-che*
peaches	**broskve** *bros-kve*
pears	**hrušky** *hroosh-kee*
pineapple	**ananas** *a-na-nas*
plums	**švestky** *shvest-kee*
raspberries	**maliny** *ma-lee-nee*
strawberries	**jahody** *ya-ho-dee*

■ VEGETABLES

asparagus	**chřest** *kh*^{r}*zhest*
aubergine	**lilek** *lee-lek*
avocado	**avokádo** *a-vo-**ka**-do*
beans	**fazole** *fa-zo-le*
cabbage	**zelí** *ze-**lee***
carrots	**mrkev** *mrr-kev*
cauliflower	**květák** *kv*^{y}*e-**tak***
garlic	**česnek** *ches-nek*
leeks	**pórek** ***po**-rek*
lettuce	**salát** *sa-**lat***
mushrooms	**houby** *ho*^{w}*-bee*
onions	**cibule** *tsee-boo-le*
peas	**hrášek** *hr**a**-shek*
peppers	**papriky** *pap-ree-kee*
potatoes	**brambory** *bram-bo-ree*
radishes	**ředkvičky** ^{r}*zhed-kveech-kee*
spinach	**špenát** *shpe-**nat***
tomatoes	**rajčata** *ra*^{y}*-cha-ta*

see also **SHOPPING PHRASES**

CLOTHES

Look out for leather and silk goods. The word for clothes size is ***velikost****. Shoe size is* ***číslo****.*

women

sizes	
UK	**EC**
10	38
12	40
14	42
16	44
18	46
20	48

men – suits

sizes	
UK	**EC**
36	46
38	48
40	50
42	52
44	54
46	56

shoes

sizes			
UK	**EC**	**UK**	**EC**
2	35	7	41
3	36	8	42
4	37	9	43
5	38	10	44
6	39	11	45

Can I try this on?
Mohu si to vyzkoušet?
mo-hoo see to veez-ko^{w}-shet

It's for me
Je to pro mě
ye to pro mn^{y}e

It's a present
Je to dárek
*ye to **da**-rek*

Do you have this in other colours?
Máte to i v jiných barvách?
***ma**-te to ee v yee-**nee**kh bar-**va**kh*

Is it leather/silk?
Je to kůže/hedvábí?
*ye to **koo**-zhe/hed-**va**-**bee***

It's too expensive
Je to příliš drahé
*ye to p^{r}zh**ee**-leesh dra-h**e***

It's too big/small
Je to příliš velké/malé
*ye to p^{r}zh**ee**-leesh vel-k**e**/ma-l**e***

No thanks, I don't want to buy it
Ne děkuji, nekoupím si to
*ne d^{y}e-koo-yee ne-ko^{w}-p**ee**m see to*

■ YOU MAY HEAR

Sluší vám to
*sloo-sh**ee** v**a**m to*
It suits you

To vám nesluší
*to v**a**m nes-loo-sh**ee***
It doesn't suit you

COTTON	**bavlna** *ba-vl-na*
LEATHER	**kůže** *koo-zhe*
SILK	**hedvábí** *hed-va-bee*
WOOL	**vlna** *vl-na*

belt	**pásek** *pa-sek*
blouse	**blůza** *bloo-za*
bra	**podprsenka** *pod-prr-sen-ka*
coat	**kabát** *ka-bat*
dress	**šaty** *sha-tee*
hat	**klobouk** *klo-bo^w^k*
jacket	**bunda** *boon-da*
knickers	**kalhotky** *kal-hot-kee*
nightdress	**noční košile** *noch-nee ko-shee-le*
pyjamas	**pyžamo** *pee-zha-mo*
sandals	**sandály** *san-da-lee*
scarf *(silk)*	**hedvábný šátek** *hed-vab-nee sha-tek*
scarf *(wool)*	**šála** *sha-la*
shirt	**košile** *ko-shee-le*
shorts	**šortky** *short-kee*
skirt	**sukně** *sook-n^y^e*
socks	**ponožky** *po-nozh-kee*
suit *(man's)*	**oblek** *ob-lek*
suit *(woman's)*	**kostým** *kos-teem*
swimsuit	**plavky** *plav-kee*
tie	**kravata** *kra-va-ta*
tights	**punčochové kalhoty** *poon-cho-kho-ve kal-ho-tee*
t-shirt	**tričko** *treech-ko*
track suit	**tepláková souprava** *tep-la-ko-va so^w^-pra-va*
trousers	**kalhoty** *kal-ho-tee*
underpants	**slipy** *slee-pee*

see also **SHOPPING ❐ SHOPPING PHRASES ❐ PAYING**

MAPS & GUIDES

You can buy a wide selection of road maps, street maps and guide books from bookshops, stationer's, tobacconist's or at kiosks. Local tourist offices don't usually provide free maps. Guide books, particularly to Prague, are also available in English. English newspapers can be bought at kiosks or tobacconist's in large towns. The Czech Republic has its own English-language newspapers and magazines, available at kiosks in larger cities.

Where can I buy a map?
Kde se kupují mapy?
*kde se koo-poo-y**ee** ma-pee*

Do you have...?
Máte...?
*m**a**-te...*

a road map
autoatlas
a^{w}-to-at-las

a town plan
plán města
*pl**a**n mn^{y}es-ta*

a guide book
průvodce
*pr**oo**-vod-tse*

a leaflet
brožurku
bro-zhoor-koo

in English
v angličtině
v ang-leech-tee-n^{y}e

Can you show me on the map...
Můžete mi na mapě ukázat...
*m**oo**-zhe-te mee na ma-p^{y}e oo-k**a**-zat...*

where ... is?
kde je...?
kde ye...

Please draw me a map
Nakreslete mi, prosím, mapku
*nak-res-le-te mee pros**ee**m map-koo*

Where can I buy an English newspaper?
Kde dostanu noviny v angličtině?
kde dos-ta-noo no-vee-nee v ang-leech-tee-n^{y}e

Have you any English newspapers?
Máte nějaké anglické noviny?
*m**a**-te n^{y}e-ya-k**e** ang-leets-k**e** no-vee-nee*

see also **ASKING THE WAY ❑ SIGHTSEEING**

Main post offices are open Monday to Friday, and on Saturday mornings. Opening hours are generally similar to those of shops. The main post office in Prague is open 24 hours.

Where is the post office?
Kde je pošta?
kde ye posh-ta

Is the post office open today?
Je dnes pošta otevřená?
*ye dnes posh-ta o-tev-^{r}zhe-**na***

Where can I get stamps?
Kde dostanou známky?
*kde dos-ta-noo zn**am**-kee*

Do you have stamps?
Máte známky?
***ma**-te zn**am**-kee*

5 stamps
pět známek
*p^{y}et zn**a**-mek*

10 stamps
deset známek
*de-set zn**a**-mek*

for postcards
na pohled
na poh-led

for letters
na dopis
na do-pees

to Britain
do Británie
*do bree-**ta**-nee-ye*

to USA
do USA
*do **oo**-es-a*

to Australia
do Austrálie
*do a^{w}s-tr**a**-lee-ye*

By airmail, please
Letecky, prosím
*le-tets-kee pro-s**ee**m*

How much is it to send this parcel?
Kolik stojí poslat tento balíček?
*ko-leek sto-y**ee** pos-lat ten-to ba-l**ee**-chek*

■ YOU MAY HEAR

Kam to chcete poslat?
kam to khtse-te pos-lat
Where do you want to send it?

Vyplňte to
vee-pln^{y}-te to
Fill this in

see also **MONEY ❐ PAYING**

Foto-kino shops sell films, batteries and tapes for camcorders. It is not expensive to have films developed. You are not allowed to take photos in some art galleries and museums.

Where is there a photo shop?
Kde najdu foto-kino?
kde na[y]*-doo fo-to-kee-no*

I need a tape for this camcorder
Potřebuji kazetu do této videokamery
pot-[r]*zhe-boo-yee ka-ze-too do t***e***-to vee-de-o-ka-me-ree*

I need a film for this camera
Potřebuji film do tohoto fotoaparátu
pot-[r]*zhe-boo-yee feelm do to-ho-to fo-to-a-pa-r***a***-too*

a colour/black and white film
barevný/černobílý film
*ba-rev-n***ee***/cher-no-b***ee***-l***ee*** feelm*

24
dvaceti čtyř
dva-tse-tee chtee[r]*zh*

I need batteries for this
Potřebuji do toho baterie
pot-[r]*zhe-boo-yee do to-ho ba-te-ree-ye*

36
třiceti šesti
t[r]*zhee-tse-tee shes-tee*

Can you develop this?
Můžete to vyvolat?
*m***oo***-zhe-te to vee-vo-lat*

How long will it take?
Jak dlouho to bude trvat?
yak dlo[w]*-ho to boo-de trr-vat*

Can I take a picture of this?
Mohu si to vyfotit?
mo-hoo see to vee-fo-teet

Can you take a picture of us, please?
Můžete nás vyfotit, prosím?
*m***oo***-zhe-te n***a***s vee-fo-teet pro-s***ee***m*

■ YOU MAY HEAR

Přejete si matné nebo lesklé?
p[r]*zhe-ye-te see mat-n***e*** ne-bo les-kl***e***
Would you like matt or glossy prints?

see also **SHOPPING**

There are lots of tourist offices, particularly in Prague. They are generally open Mon-Fri, 9am to 6pm. The staff are likely to speak English. When on a guided tour, you do not have to tip the guide, just pay at the office. There is differential pricing for Czechs and visitors (cheaper for Czechs) for accommodation and sometimes concerts. Most museums, galleries and castles tend to be closed on Mondays. Many castles and museums outside of Prague are closed or only open on weekends outside of the tourist season. Most castles offer either foreign-language tours for a surcharge or a foreign-language tour description that is returned after the tour is finished.

Where is the tourist office?
Kde jsou informace?
kde yso^w een-for-ma-tse

Is there a sightseeing tour of the city?
Nabízíte prohlídku města?
*na-b**ee**-z**ee**-te pro-hl**ee**d-koo mn^yes-ta*

What can we visit in the Prague area?
Co můžeme navštívit v okolí Prahy?
*tso m**oo**-zhe-me nav-sht**ee**-veet v o-ko-l**ee** pra-hee*

We'd like to go to...
Rádi bychom jeli do...
*r**a**-dee bee-khom ye-lee do...*

Are there excursions?
Pořádáte výlety?
*po-^rzh**a**-d**a**-te v**ee**-le-tee*

How much is the guided tour?
Kolik stojí okružní jízda?
*ko-leek sto-y**ee** ok-roozh-n**ee** y**ee**z-da*

When can we visit...?
Kdy můžeme navštívit...?
*kdee m**oo**-zhe-me nav-sht**ee**-veet...*

Have you details in English?
Máte podrobnosti v angličtině?
*m**a**-te pod-rob-nos-tee v an-gleech-tee-n^ye*

When does it leave?
Kdy se odjíždí?
*kdee se od-y**ee**zh-d**ee***

When does it get back?
Kdy se přijede zpátky?
*kdee se p^rzhee-ye-de zp**a**t-kee*

see also **MAPS & GUIDES ☐ LEISURE/INTERESTS**

Some Prague cinemas provide English subtitles to Czech films. Children will enjoy puppet theatres. Cultural guides for larger cities are available in English or on the Internet. With a little patience Czech language guides can be deciphered, too. A monthly Czech guide is available in kiosks and weekly guides are available free of charge in restaurants, bars, at cinemas, etc.

What is there to do in the evenings?
Co se dá dělat večer?
*tso se **da** dʸe-lat ve-cher*

We'd like to go to a nightclub
Rádi bychom šli do nočního klubu
*ra-dee bee-khom shlee do noch-**nee**-ho kloo-boo*

We'd like to go to a disco
Rádi bychom šli na diskotéku
*ra-dee bee-khom shlee na dees-ko-**te**-koo*

How much is it to get in?
Kolik stojí vstupné?
*ko-leek sto-**yee** vstoop-ne*

What time does the disco start?
V kolik hodin diskotéka začíná?
*vko-leek ho-deen dees-ko-**te**-ka za-ch**ee**-na*

Where can we hire bikes/roller skates?
Kde si můžeme pronajmout kola/kolečkové brusle?
*kde see m**oo**-zhe-me pro-naʸ-moʷt ko-la/ko-lech-ko-**ve** broo-sle*

Where can we hear live music?
Kde můžeme slyšet hudbu živě?
*kde m**oo**-zhe-me slee-shet hood-boo zhee-vʸe*

Is there any entertainment for children?
Kam můžeme vzít děti?
*kam m**oo**-zhe-me vz**ee**t dʸe-tee*

We're having a great time
Moc se nám to líbí
*mots se **na**m to **lee-bee***

In the Czech Republic many people like to spend the weekend at their **chata** *(weekend cottage). In summer they often enjoy gardening, sport, hiking or mushrooming. Skiing is very popular in winter. Otherwise people spend their free time watching television.*

Where can we...?	**go fishing**	**play tennis**
Kam můžeme... ?	**jít na ryby**	**jít hrát tenis**
*kam m**oo**-zhe-me...*	*y**ee**t na ree-bee*	*y**ee**t hr**a**t te-nees*

Is there a swimming pool?
Je tu koupaliště?
ye too ko^{w}-pa-leesh-t^{y}e

Where can we hire bikes?
Kde si můžeme pronajmout kola?
*kde see m**oo**-zhe-me pro-na^{y}-mo^{w}t ko-la*

How much is it per day?
Kolik to stojí na den?
*ko-leek to sto-y**ee** na den*

Where can we go for a walk?
Kam se můžeme jít projít?
*kam se m**oo**-zhe-me y**ee**t pro-y**ee**t*

What do you do in your spare time?
Jak trávíte svůj volný čas?
*yak tr**a**-v**ee**-te sv**oo**y vol-n**ee** chas*

I like watching television
Rád(a) se dívám na televizi
*r**a**d(a) se d**ee**-v**a**m na te-le-vee-zee*

I like gardening
Rád(a) pracuji na zahradě
*r**a**d(a) pra-tsoo-yee na za-hra-d^{y}e*

I like dancing
Rád(a) tancuji
*r**a**d(a) tan-tsoo-yee*

see also **OUTDOOR PURSUITS ❐ SPORT ❐ WALKING**

MUSIC

Local tourist offices have information about musical events and how to obtain tickets. There is a wide range of classical music concerts, opera and rock concerts in large towns. Ticket prices are reasonable and the quality is high. Look out for a monthly **Kulturní přehled** *(cultural programme) in Prague and large towns.*

What sort of music do you like?
Jakou hudbu máte rád(a)?
*ya-ko^{w} hood-boo m**a**-te r**a**d(a)*

Are there any concerts?
Hrají se nějaké koncerty?
*hra-**yee** se n^{y}e-ya-**ke** kon-tser-tee*

Where can I get tickets?
Kde dostanu lístky?
*kde dos-ta-noo l**ee**st-kee*

Which is your favourite pop group?
Která je vaše oblíbená skupina?
*kte-r**a** ye va-she ob-l**ee**-be-n**a** skoo-pee-na*

Who is your favourite singer?
Kdo je váš oblíbený zpěvák?
*kdo ye v**a**sh ob-l**ee**-be-n**ee** zp^{y}e-v**a**k*

I like...
Mám rád(a)...
*m**a**m r**a**d(a)...*

Do you go to concerts?
Chodíte na koncerty?
*kho-d**ee**-te na kont-ser-tee*

Do you like opera?
Máte rád(a) operu?
*m**a**-te r**a**d(a) o-pe-roo*

Do you play any instruments?
Hrajete na nějaký hudební nástroj?
*hra-ye-te na n^{y}e-ya-k**ee** hoo-deb-n**ee** n**a**s-troy*

I play...	**the piano**	**the guitar**	**the clarinet**
Hraji na...	**klavír**	**kytaru**	**klarinet**
hra-yee na...	*kla-v**ee**r*	*kee-ta-roo*	*kla-ree-net*

■ YOU MAY HEAR

Je vyprodáno
*ye veep-ro-d**a**-no*
Sold out

Máme jen vstupenky k stání
*m**a**-me yen vstoo-pen-kee k st**a**-n**ee***
We have only tickets for standing

 see also **MAKING FRIENDS ❒ ENTERTAINMENT**

CINEMA **kině** *kee-n^{y}e*

What's on at the cinema?
Co dávají v kině?
*tso d**a**-va-y**ee** v kee-n^{y}e*

When does *(name film)* **start?**
Kdy začíná...?
*kdee za-ch**ee**-n**a**...*

How much are the tickets?
Kolik stojí lístek?
*ko-leek sto-y**ee** l**ee**s-tek*

Two for the *(time)* **showing**
Dva na...
dva na...

What films have you seen recently?
Jaké filmy jste ted' viděl?
*ya-k**e** feel-mee yste ted^{y} vee-d^{y}el*

What is ... called in Czech?
Jak se jmenuje česky...?
yak se yme-noo-ye ches-kee...

Who is your favourite actor/actress?
Jaký herec/Jaká herečka se vám líbí?
*ya-k**ee** her-ets/ya-k**a** her-ech-ka se v**a**m l**ee**-b**ee***

■ YOU MAY HEAR

Do sálu 1/2 už je vyprodáno
*do s**a**-loo 1/2 oozh ye vee-pro-d**a**-no*
For screen 1/2 we have no tickets left

Non-Czech operas are mostly performed in the original language with Czech surtitles. Czech operas have English surtitles. Tickets for opera and ballet, puppet and theatre are cheap and in high demand, so make sure you buy them in advance. Formal dress is generally required for visiting traditional theatres. Leave your coat and bag/umbrella in the cloakroom, otherwise you will look strange in the auditorium. Women should avoid walking back alone at night.

THEATRE	**divadlo** *dee-va-dlo*
CLOAKROOM	**šatna** *shat-na*

What's on at the theatre?
Co se hraje v divadle?
tso se hra-ye v dee-vad-le

Where is the theatre?
Kde je divadlo?
kde ye dee-vad-lo

How much are the tickets?
Kolik stojí lístky?
*ko-leek sto-**yee** **lee**st-kee*

1 ticket
jeden lístek
*ye-den **lee**s-tek*

I'd like...
Chtěl(a) bych...
khtyel(a) beekh...

2 tickets
dva lístky
*dvya **lee**st-kee*

4 tickets
čtyři lístky
*chtee-rzhee **lee**st-kee*

for tonight
na dnes večer
na dnes ve-cher

for tomorrow night
na zítra večer
*na **zee**t-ra ve-cher*

for 6 August
na šestého srpna
*na shes-t**e**-ho srrp-na*

in the stalls
do přízemí
*do przh**ee**-ze-m**ee***

in the circle
na balkón
*na bal-k**o**n*

in the upper circle
na druhý balkón
*na droo-h**ee** bal-k**o**n*

How long is the interval?
Jak je dlouhá přestávka?
*yak ye dlow-h**a** przhes-t**a**v-ka*

When does the play end?
Kdy ta hra končí?
*kdee ta hra kon-ch**ee***

I enjoyed the play
Ta hra se mi líbila
*ta hra se mee **lee**-bee-la*

I enjoyed the opera
Ta opera se mi líbila
*ta o-pe-ra se mee **lee**-bee-la*

 see also **ENTERTAINMENT ❒ LEISURE/INTERESTS**

Czech TV has 4 channels. Most foreign films are shown dubbed except on the second channel (ČT2) which usually shows films with their original soundtrack.

REMOTE CONTROL	**dálkové ovládání** *dal-ko-**ve** o-vl**a**-da-**nee***
SOAP	**populární seriál** *po-poo-l**a**r-n**ee** se-ree-**al***
NEWS	**zprávy** *zpr**a**-vee*
TO SWITCH ON	**zapnout** *zap-no^{w}t*
TO SWITCH OFF	**vypnout** *veep-no^{w}t*
CARTOONS	**kreslené filmy** *kres-le-n**e** feel-mee*

Where is the television?
Kde je telenovela?
kde ye te-le-no-ve-la

How do I switch it on?
Jak se zapíná?
*yak se za-p**ee**-na*

Please turn the volume down
Ne tak hlasitě, prosím
*ne tak hla-see-t^{y}e pro-s**ee**m*

Please turn the volume up
Dejte to hlasitěji, prosím
*dey-te to hla-see-t^{y}e-yee pro-s**ee**m*

What's on television?
Co se dává v televizi?
*tso se d**a**-v**a** v te-le-vee-zee*

When is the news?
Kdy jsou zprávy?
*kdee yso^{w} zpr**a**-vee*

Are there any children's programmes?
Je na programu něco pro děti?
ye na prog-ra-moo n^{y}e-tso pro d^{y}e-tee

When is the football on?
Kdy se vysílá fotbal?
*kdee se vee-s**ee**-l**a** fot-bal*

■ YOU MAY HEAR

Tamhle jsou videokazety v angličtině
tam-hle yso^{w} vee-de-o-ka-ze-tee v an-gleech-tee-n^{y}e
There are videotapes in English over there

In winter the most popular sports are skiing, ice-hockey and skating. You can hire most of the equipment.

DOWN-HILL SKIING	**jízda na lyžích** *yeez-da na lee-zheekh*
CROSS-COUNTRY SKIING	**jízda na běžkách** *yeez-da na bʸezh-kakh*
SKI PASS	**permanentka** *per-ma-nent-ka*
SKI LIFT	**vlek** *vlek*

I want to hire skis
Chci si půjčit lyže
khtsee see pooy-cheet lee-zhe

Does the price include...?
Je to včetně...?
ye to vchet-nʸe...

boots
bot
bot

poles
hůlek
hoo-lek

Can you adjust my bindings?
Můžete mi upravit vázání?
moo-zhe-te mee oop-ra-veet va-za-nee

How much is a pass?
Kolik stojí permanentka?
ko-leek sto-yee per-ma-nent-ka

daily
na den
na den

weekly
na týden
na tee-den

Have you a map of the ski runs?
Máte mapu lyžařských tratí?
ma-te ma-poo lee-zhaʳzh-skeekh tra-tee

When is the last ascent?
Do kolika jezdí vlek?
do ko-lee-ka yez-dee vlek

■ YOU MAY HEAR

Jakou velikost lyží chcete?
ya-koʷ ve-lee-kost lee-zhee khtse-te
What size skis do you want?

Jakou máte velikost bot?
ya-koʷ ma-te ve-lee-kost bot
What is your shoe size?

Už jste někdy lyžoval?
oozh yste nʸek-dee lee-zho-val
Have you ever skied before?

 see also **LEISURE/INTERESTS ❐ WALKING**

Can we ...?
Můžeme...?
*m**oo**-zhe-me...*

go swimming
jít plavat
*y**ee**t pla-vat*

go jogging
jít běhat
*y**ee**t b^ye-hat*

play tennis
hrát tenis
*hr**a**t te-nees*

hire rackets
půjčit si tenisové rakety
*p**oo**y-cheet see te-nee-so-v**e** ra-ke-tee*

How much is it per hour?
Kolik to stojí na hodinu?
*ko-leek to sto-y**ee** na ho-dee-noo*

Do you have to be a member?
Je nutné být členem?
*ye noot-n**e** b**ee**t chle-nem*

Can we watch a football/hockey match?
Můžeme se jít dívat na fotbal/hokej?
*m**oo**-zhe-me se y**ee**t d**ee**-vat na fot-bal/hok-ey*

Where can we get tickets?
Kde se kupují vstupenky?
*kde se koo-poo-y**ee** vstoo-pen-kee*

How do we get to the stadium?
Jak se dostaneme na stadion?
yak se dos-ta-ne-me na sta-dee-yon

What sports do you play?
Jaké sporty děláte?
*ya-k**e** spor-tee d^ye-l**a**-te*

■ YOU MAY HEAR

Nechcete si zahrát...?
*nekh-tse-te see za-hr**a**t...*
Would you like to play...?

WALKING

The Czech Republic has beautiful areas to explore with woods, lakes and mountains. Both long distance hikes and short distance walks are perfectly marked. Detailed hiking maps and guides are available in most bookshops.

Are there any guided walks?
Pořádají se vycházky s průvodcem?
*po-^{r}zh**a**-da-**yee** se vee-kh**a**z-kee s pr**oo**-vod-tsem*

Do you have details?
Můžete mi sdělit podrobnosti?
*m**oo**-zhe-te mee sd^{y}e-leet pod-rob-nos-tee*

Do you have a guide to local walks?
Máte průvodce pro procházky po okolí?
*m**a**-te pr**oo**-vod-tse pro pro-kh**a**z-kee po o-ko-**lee***

How many kilometres is the walk?
Kolik kilometrů je ta procházka?
*ko-leek kee-lo-met-r**oo** ye ta pro-kh**a**z-ka*

How long will it take?
Jak dlouho bude trvat?
yak dlo^{w}-ho boo-de trr-vat

Do we need walking boots?
Potřebujeme pohorky?
pot-^{r}zhe-boo-ye-me po-hor-kee

Should we take...?
Měli bychom si vzít...?
*mn^{y}e-lee bee-khom see vz**ee**t...*

water
vodu
vo-doo

food
jídlo
*y**ee**d-lo*

What time does it get dark?
V kolik hodin se stmívá?
*vko-leek ho-deen se stm**ee**-va*

Is it very steep?
Je to prudké stoupání?
*ye to prood-k**e** sto^{w}-p**a**-n**ee***

waterproofs
pláštěnku
*pl**a**sh-t^{y}en-koo*

a compass
kompas
kom-pas

see also **MAPS & GUIDES ❐ SIGHTSEEING**

*To phone the UK from the Czech Republic, the international code is **00 44**. Payphones take 2, 5 and 10* **Kč** *coins or phonecards which can be bought at tobacconist's or newspaper kiosks. Calls are cheaper in the evenings (from 7pm) and at weekends. The instructions for using phone boxes are given in pictograms. To phone the Czech Republic from the UK, the international code is **00 420**.*

PHONECARD	**telefonní karta** *te-le-fon-**nee** kar-ta*
TELEPHONE DIRECTORY	**telefonní seznam** *te-le-fon-**nee** sez-nam*
YELLOW PAGES	**Zlaté stránky** *zla-**te** stran-kee*
REVERSE-CHARGE CALL	**hovor na účet volaného** *ho-vor na oo-chet vo-la-**ne**-ho*
DIALLING TONE	**oznamovací tón** *o-zna-mo-va-**tsee** ton*
DIALLING CODE	**předčíslí/volačka** *p'zhed-ch**ee**-sl**ee**/??*

I want to make a call
Chci telefonovat
khtsee te-le-fo-no-vat

Is there a payphone?
Je tady někde telefon na mince?
ye ta-dee nyek-de te-le-fon na meen-tse

I want to phone...	**the UK**	**the USA**
Chci telefonovat...	**do Velké Británie**	**do USA**
khtsee te-le-fo-no-vat...	*do vel-**ke** bree-t**a**-nee-ye*	*do **oo**-es-**a***

Where can I buy a phonecard?
Kde si mohu koupit telefonní kartu?
*kde see mo-hoo ko^w-peet te-le-fo-**nee** kar-too*

Please write the phone number down
Prosím, zapište si to telefonní číslo
*pro-s**ee**m za-peesh-te see to te-le-fo-**nee** ch**ee**s-lo*

Can you try this number for me?
Můžete mi zavolat toto číslo?
*m**oo**-zhe-te mee za-vo-lat to-to ch**ee**s-lo*

I can't get through
Nemohu se dovolat
ne-mo-hoo se do-vo-lat

cont...

Mr/Mrs ... please
Pana/paní ... prosím
pa-na/pa-nee ... pro-seem

Can I speak to...?
Mohu mluvit s...?
mo-hoo mloo-veet s...

When will he/she be back?
Kdy se vrátí?
kdee se vra-tee

I'll call back...
Zavolám znovu...
za-vo-lam zno-voo...

later
později
poz-dye-yee

tomorrow
zítra
zeet-ra

Extension number...
Linka číslo...
leen-ka chees-lo...

This is Ian James
U telefonu Ian James
oo te-le-fo-noo Ian James

YOU MAY HEAR

Haló
ha-lo
Hello

Počkejte
poch-key-te
Hold on

Kdo volá?
kdo vo-la
Who is calling?

Okamžik/Moment
o-kam-zheek/mo-ment
Just a moment

Je obsazeno
ye ob-sa-ze-no
The line's engaged

Můžete zavolat později?
moo-zhe-te za-vo-lat poz-dye-yee
Can you call back later?

Zkuste to později
zkoos-te to poz-dye-yee
Try again later

Chcete nechat vzkaz?
khtse-te ne-khat vzkaz
Do you want to leave a message?

Špatné číslo
shpat-ne chees-lo
Wrong number

To je omyl
to ye o-meel
You've got the wrong number

Po zaznění tónu zanechte vzkaz
po zaz-nye-nee to-noo za-nekh-te vzkaz
Please leave a message after the tone

 see also **E-MAIL ❐ INTERNET ❐ FAX ❐ BUSINESS**

I will text you
Napíšu ti zprávu
*na-**pee**-shoo tee zpr**a**-voo*

Can you text me?
Můžeš mi poslat zprávu?
*m**oo**-zhesh mee po-slat zpr**a**-voo*

Did you get my text message?
Dostal jsi moji zprávu?
*do-stal ysee mo-yee zpr**a**-voo*

Can you send me a picture with your mobile?
Můžeš mi poslat fotku mobilem?
*m**oo**-zhesh mee po-slat fot-koo mo-bee-lem*

Hello
Ahoj
a-hoy

Tomorrow
Zítra
*z**ee**-tra*

Today
Dnes
dnes

Tonight
Večer
ve-cher

Free to talk?
Můžeš mluvit?
*m**oo**-zhesh mloo-veet*

Thanks
Díky
*d**ee**-kee*

See You
Ahoj
a-hoy

Please call me
Zavolej mi, prosím
*za-vo-ley mee, pro-s**ee**m*

Too late
Moc pozdě
mots po-zd^{y}e

Text me
Pošli zprávu
*po-shlee zpr**a**-voo*

Be back later
Vrátím se pozdě
*vr**a**-t**ee**m se po-zd^{y}e*

Are you ok?
Jsi v pořádku?
*ysee v po-^{r}zh**a**d-koo*

*The suffix for the Czech Republic is **.cz**.*

Do you have e-mail?
Máš e-mail?
*m**a**sh e-mail*

What is your e-mail address?
Jaká je tvoje e-mailová adresa?
*ya-k**a** ye tvo-ye e-mail-o-v**a** a-dre-sa*

Do you have a webpage?
Máš svou webovou stránku?
*m**a**sh svo[w] web-o-vo[w] str**a**n-koo*

How do you spell it?
Jak se to píše?
*yak se to p**ee**-she*

All one word
Jedním slovem
*yed-n**ee**m slo-vem*

All lower case
Malá písmena
*ma-l**a** p**ee**s-me-na*

My e-mail address is...
Moje e-mailová adresa je...
*mo-ye e-mail-o-v**a** a-dre-sa ye...*

clare.smith@collins.co.uk
clare tečka smith zavináč collins tečka co tečka uk
clare tech-ka smith za-vee-nach collins tech-ka co tech-ka uk

Can I send an e-mail?
Můžu si poslat e-mail?
*m**oo**-zhoo see po-slat e-mail*

Did you get my e-mail?
Dostal jsi můj e-mail?
*dos-tal ysee m**oo**y e-mail*

Can I book by e-mail?
Můžu to rezervovat e-mailem?
*m**oo**-zhoo to re-zer-vo-vat e-mail-em*

HOME	**Domů** *do-m**oo***
USERNAME	**Uživatelské jméno** *oo-zhee-va-tel-sk**e** ym**e**-no*
TO BROWSE	**Procházet** *pro-kh**a**-zet*
SEARCH ENGINE	**Vyhledávací nástroj** *vee-hle-d**a**-va-ts**ee** n**a**-stroy*
PASSWORD	**Heslo** *hes-lo*
CONTACT US	**Kontaktujte nás** *kon-tak-tooy-te n**a**s*
BACK TO MENU	**Zpátky na menu** *zp**a**t-kee na me-noo*
SITEMAP	**Mapa stránek** *ma-pa str**a**-nek*

Are there any internet cafés here?
Je tu někde internetová kavárna?
*ye too n^{y}e-kde een-ter-net-o-v**a** ka-v**a**r-na*

How much is it to log on for an hour?
Kolik stojí hodina na síti?
*ko-leek sto-y**ee** ho-dee-na na s**ee**-tee*

Do you have a website?
Máte webové stránky?
*m**a**-te we-bo-v**e** str**a**n-kee*

The website address is...
Internetová adresa je...
*een-ter-net-o-v**a** a-dre-sa ye...*

www.collins.co.uk
www tečka collins tečka co tečka uk
www tech-ka collins tech-ka co tech-ka uk

Do you know any good sites?
Znáte nějaké dobré stránky?
*zn**a**-te n^{y}e-ya-k**e** do-br**e** str**a**n-kee*

see also **E-MAIL ❐ FAX ❐ BUSINESS**

You can send faxes inexpensively from post offices, bureaux and big hotels. To fax the Czech Republic from the UK, the code is ***00 420*** *followed by the fax number. When faxing inside the Czech Republic you only need the telephone number, and the fax number. To fax the UK from the Czech Republic, the code is* ***00 44****.*

FROM	**od**
TO	**komu**
DATE	**datum**
RE:	**věc:**

I want to send a fax
Chci poslat fax
khtsee pos-lat faks

Do you have a fax?
Máte fax?
*m**a**-te faks*

How much is it to send a fax?
Kolik stojí poslat fax?
*ko-leek sto-**yee** pos-lat faks*

What is your fax number?
Jaké je vaše číslo faxu?
*ya-**ke** ye va-she ch**ee**s-lo fak-soo*

The fax number is...
Číslo faxu je...
*ch**ee**s-lo fak-soo ye...*

I can't read the fax
Nemohu přečíst ten fax
*ne-mo-hoo p'zhe-ch**ee**st ten faks*

Please re-send the fax
Pošlete tento fax znovu, prosím
*posh-le-te ten-to faks zno-voo pro-s**ee**m*

Where can I send a fax?
Kde mohu poslat fax?
kde mo-hoo pos-lat faks

 see also **TEXT ❐ INTERNET ❐ E-MAIL ❐ BUSINESS**

17 May 2005	**17. května 2005**
Dear Sirs	**Vážení,** *(commercial letter)*
Dear Sir/Madam	**Vážený pane, vážená paní**
Yours faithfully	**S pozdravem**
Dear Mr.../Dear Mrs...	**Vážený pane, vážená paní**
Yours sincerely	**S pozdravem**
Dear Paula	**Milá Pavlo**
Best regards	**S pozdravem**
Dear Carlos	**Milý Karle,**
Love	**Líbá tě**

What is your address?
Jakou máte adresu?
*ya-ko^{w} m**a**-te a-dre-soo*

What is your postcode (zip)?
Jaké máte PSČ?
*ya-**ke** m**a**-te pe-es-che*

Thank you for your letter
Děkuji za dopis
d^{y}e-koo-yee za do-pees

Write soon!
Brzy napište!
brr-zee na-peesh-te

Pan
Josef Novák
Anglická 44
120 00 Praha 2

Addressing an envelope

Pan = Mr, Paní = Mrs.

see also **INTERNET ❐ E-MAIL ❐ FAX ❐ BUSINESS**

The best place to change money and traveller's cheques is the bank (**banka**) *or exchange office* (**směnárna**). *Banking hours are generally at least 8am–12pm and 1pm–4pm, Mon-Fri. The staff usually speak some English. Any hard currency is accepted. You should avoid changing money in the street, which is illegal and usually a confidence trick. Czech crowns and Slovak crowns are not interchangeable (the Slovak one is worth slightly less) so you cannot use Czech crowns in Slovakia or vice versa and have to change money at the border.*

Where is the nearest bank?
Kde je nejbližší banka?
*kde ye ney-bleezh-sh**ee** ban-ka*

Where is the nearest bureau de change?
Kde je nejbližší směnárna?
*kde ye ney-bleezh-sh**ee** smnʸe-n**a**r-na*

Where can I change money?
Kde si mohu vyměnit peníze?
*kde see mo-hoo vee-mnʸe-neet pe-n**ee**-ze*

I want to change...	**£50**	**£100**
Chci si vyměnit...	**padesát liber**	**sto liber**
khtsee see vee-mnʸe-neet...	*pa-de-s**a**t lee-ber*	*sto lee-ber*

I want to cash these traveller's cheques
Chci proplatit tyto cestovní šeky
*khtsee pro-pla-teet tee-to tses-tov-n**ee** she-kee*

What is your commission?
Jaký si účtujete poplatek?
*ya-k**ee** see **oo**ch-too-ye-te pop-la-tek*

■ YOU MAY HEAR

Váš pas, prosím
*v**a**sh pas pro-s**ee**m*
Your passport, please

Nemáte drobné?
*ne-m**a**-te drob-n**e***
Do you have any change?

see also **PAYING**

Credit cards are becoming more widely accepted.

BILL	**účet**	***oo**-chet*
RECEIPT	**potvrzení/stvrzenka**	*po-tvrr-ze-n**ee**/stvrr-zen-ka*
INVOICE	**faktura**	*fak-too-ra*
CASH DESK	**pokladna**	*po-klad-na*

How much is it?
Kolik to stojí?
*ko-leek to sto-y**ee***

I'd like to pay
Zaplatím, prosím
*zap-la-t**ee**m pro-s**ee**m*

Where do I pay?
Kde se platí?
*kde se pla-t**ee***

The bill, please
Účet, prosím
***oo**-chet pro-s**ee**m*

I need a receipt
Potřebuji potvrzení
*pot-ʳzhe-boo-yee pot-vrr-ze-n**ee***

Is service included?
Je obsluha v ceně?
ye ob-sloo-ha v tse-nʸe

Is VAT included?
Je DPH zahrnuto v ceně?
*ye d**e**-p**e**-h**a** za-hrr-noo-to v tse-nʸe*

Can I pay by credit card?
Mohu platit kreditní kartou?
*mo-hoo pla-teet kre-deet-n**ee** kar-toʷ*

Do you take this credit card?
Berete tuto kreditní kartu?
*be-re-te too-to kre-deet-n**ee** kar-too*

Please write down the price
Napište mi tu cenu, prosím
*na-peesh-te mee too tse-noo pro-s**ee**m*

Put it on my bill
Napište to na můj účet
*na-peesh-te to na m**oo**y **oo**-chet*

see also **SHOPPING ❐ MONEY**

LUGGAGE

You will find left-luggage offices or lockers in railway stations, bus stations and airports. Lockers take coins, so make sure you have some small change on arrival.

HAND LUGGAGE	**příruční zavazadlo** *pʳzh**ee**-rooch-n**ee** za-va-za-dlo*
LEFT-LUGGAGE OFFICE	**úschovna zavazadel** ***oo**-skhov-na za-va-za-del*
LOCKERS	**skříňka na zavazadla** *skʳzh**ee**nʸ-ka na za-va-za-dla*
TROLLEY	**vozík** *vo-z**ee**k*

My suitcase hasn't arrived
Můj kufr nedorazil
*m**oo**y koo-frr ne-do-ra-zeel*

My suitcase is missing
Můj kufr schází
*m**oo**y koo-frr skh**a**-z**ee***

My suitcase is damaged
Můj kufr je rozbitý
*m**oo**y koo-frr ye roz-bee-t**ee***

Can I leave my suitcase here?
Mohu si zde nechat kufr?
mo-hoo see zde ne-khat koo-frr

until ... o'clock
do ... hodin
do ... ho-deen

overnight
přes noc
pʳzhes nots

I will collect it at...
Vyzvednu si to v...
veez-ved-noo see to v...

Is there a left-luggage office?
Je tu někde úschovna zavazadel?
*ye too nʸek-de **oo**s-khov-na za-va-za-del*

When does it open?
Kdy se otvírá?
*kdee se ot-v**ee**-ra*

When does it close?
Kdy se zavírá?
*kdee se za-v**ee**-ra*

■ **YOU MAY HEAR**

Můžete si to tu nechat do...
*m**oo**-zhe-te see to too ne-khat do...*
You can leave it here until...

see also **TRAIN ❐ AIR TRAVEL**

SHOE REPAIR SHOP	**opravna obuvi**	*o-prav-na o-boo-vee*
REPAIRS WHILE YOU WAIT	**opravy na počkání**	*o-pra-vee na poch-k**a**-n**ee***

This is broken
Je to rozbité
*ye to roz-bee-**te***

Where can I get this repaired?
Kde si to mohu nechat opravit?
kde see to mo-hoo ne-khat op-ra-veet

Can you repair...?
Můžete opravit...?
*m**oo**-zhe-te op-ra-veet...*

these shoes
tyto boty
tee-to bo-tee

my dentures
moji zubní protézu
*mo-yee zoob-n**ee** pro-t**e**-zoo*

my glasses
moje brýle
*mo-ye br**ee**-le*

this camera
tento fotoaparát
*ten-to fo-to-a-pa-**rat***

How much will it cost?
Kolik to bude stát?
*ko-leek to boo-de st**at***

How long will it take?
Jak dlouho to bude trvat?
yak dlo^{w}-ho to boo-de trr-vat

When will it be ready?
Kdy to bude hotové?
*kdee to boo-de ho-to-**ve***

I need...
Potřebuji...
pot-^{r}zhe-boo-yee...

glue
lepidlo
le-peed-lo

sellotape
izolepu
ee-zo-le-poo

a needle and thread
jehlu a nit
yeh-loo a neet

■ YOU MAY HEAR

To se nedá opravit
*to se ne-d**a** op-ra-veet*
It can't be repaired

see also **BREAKDOWN**

LAUNDRY

Big hotels usually have a laundry service. Otherwise you can find launderettes in large towns.

WASHING POWDER	**prací prášek** *pra-tsee pra-shek*
LAUNDERETTE	**pradlenka** *prad-len-ka*
DRY CLEANER'S	**čistírna** *chees-teer-na*

Where can I wash some clothes?
Kde si mohu vyprat oblečení?
kde see mo-hoo veep-rat ob-le-che-nee

Have you a laundry service?
Perete prádlo?
pe-re-to prad-lo

When will it be ready?
Kdy to bude hotové?
kdee to boo-de ho-to-ve

Where is the launderette?
Kde je pradlenka?
kde ye prad-len-ka

Where is the dry-cleaner's?
Kde je čistírna?
kde ye chees-teer-na

When does it open?
Kdy se otvírá?
kdee se ot-vee-ra

When does it close?
Kdy se zavírá?
kdee se za-vee-ra

What coins do I need?
Jaké potřebuji mince?
ya-ke pot-ʳzhe-boo-yee meen-tse

Where can I dry these clothes?
Kde si mohu usušit toto oblečení?
kde see mo-hoo oo-soo-sheet to-to ob-le-che-nee

Can I borrow an iron?
Mohu si půjčit žehličku?
mo-hoo see pooʸ-cheet zheh-leech-koo

■ YOU MAY HEAR

Bude to hotové...	**dnes**	**zítra**	**za tři dny**
boo-de to ho-to-ve...	*dnes*	*zeet-ra*	*za tʳzhee dnee*
It will be ready...	**today**	**tomorrow**	**in 3 days**

There are official complaints forms/books in hotels, restaurants, etc. You need a receipt when returning goods in shops.

This doesn't work
To nefunguje
to ne-foon-goo-ye

The ... doesn't work
... nefunguje
... ne-foon-goo-ye

light	**heating**	**airconditioning**	**toilet**
světlo	**topení**	**klimatizace**	**záchod**
sv^{y}et-lo	*to-pe-n**ee***	*klee-ma-tee-za-tse*	***za**-khod*

The room is dirty
Pokoj je špinavý
*po-koy ye shpee-na-v**ee***

The room has not been cleaned
Nikdo v pokoji neuklidil
neek-do v po-ko-yee ne^{w}k-lee-deel

The room is too noisy
Pokoj je příliš hlučný
*po-koy ye p^{r}zh**ee**-leesh hlooch-n**ee***

The room is too hot
V pokoji je příliš teplo
*vpo-ko-yee ye p^{r}zh**ee**-leesh tep-lo*

I didn't order this
Tohle jsem si neobjednal
to-hle ysem see ne-ob-yed-nal

It is broken
Je to rozbité
*ye to roz-bee-t**e***

I want my money back
Chci zpátky peníze
*khtsee zp**a**t-kee pe-n**ee**-ze*

I want to complain
Chci si stěžovat
khtsee see st^{y}e-zho-vat

Please call the manager
Zavolejte vedoucího, prosím
*za-vo-ley-te ve-do^{w}-ts**ee**-ho pro-s**ee**m*

This is cold
To je studené
*to ye stoo-de-n**e***

This is burnt
To je spálené
*to ye sp**a**-le-n**e***

The bill is not correct
Ten účet není v pořádku
*ten **oo**-chet ne-n**ee** v po-^{r}zh**a**d-koo*

see also **HOTEL DESK ❐ REPAIRS ❐ PROBLEMS**

Can you help me?
Můžete mi pomoct?
*m**oo**-zhe-te mee po-motst*

I don't speak Czech
Nemluvím česky
*nem-loo-v**ee**m ches-kee*

Do you speak English?
Mluvíte anglicky?
*mloo-v**ee**-te an-gleets-kee*

Is there someone here who speaks English?
Je tu někdo, kdo mluví anglicky?
*ye too nʸek-do kdo mloo-v**ee** an-gleets-kee*

I'm lost
Zabloudil(a) jsem
zab-loʷ-deel(a) ysem

I need to go to...
Potřebuji se dostat...
pot-ʳzhe-boo-yee se dos-tat...

to this address
na tuto adresu
na tooto ad-re-soo

to the station
na nádraží
*na n**a**d-ra-zh**ee***

I've missed my train
Zmeškal(a) jsem vlak
zmesh-kal(a) ysem vlak

the connection
spojení
*spo-ye-n**ee***

The coach has left without me
Autobus odejel beze mne
aʷ-to-boos o-de-yel be-ze mne

I don't know how this works
Nevím, jak to funguje
*ne-v**ee**m yak to foon-goo-ye*

Can you show me?
Můžete mi to ukázat?
*m**oo**-zhe-te mee to oo-**ka**-zat*

That man is following me
Tento muž mě sleduje
ten-to moozh mnʸe sle-doo-ye

Leave me alone!
Nechte mě být!
*nekh-te mnʸe b**ee**t*

■ YOU MAY HEAR

Mám problém
*m**a**m prob-l**e**m*
I have a problem

 see also **COMPLAINTS ❑ EMERGENCIES**

POLICE	**policie**	**158** *(emergency phone no.)*
FIRE BRIGADE	**požárníci**	**150** *(emergency phone no.)*
AMBULANCE	**sanitka**	**155** *(emergency phone no.)*
DOCTOR	**doktor**	

Help!
Pomoc!
po-mots

Fire!
Hoří!
*ho-^{r}zh**ee***

There's been an accident
Stala se nehoda
sta-la se ne-ho-da

Please help me
Pomozte mi, prosím
*po-moz-te mee pro-s**ee**m*

Please call the police
Zavolejte policii, prosím
*za-vo-ley-te po-lee-tsee-yee pro-s**ee**m*

Please call the fire brigade
Zavolejte požárníky, prosím
*za-vo-ley-te po-zhar-n**ee**-kee pro-s**ee**m*

Call an ambulance
Zavolejte sanitku
za-vo-ley-te sa-neet-koo

Call a doctor
Zavolejte doktora
za-vo-ley-te dok-to-ra

Please fetch a doctor
Přiveďte doktora, prosím
*p^{r}zhee-ved^{y}-te dok-to-ra pro-s**ee**m*

Someone has been injured
Někdo byl zraněn
n^{y}ek-do beel zra-n^{y}en

He/She was knocked down by a car
Porazilo ji/ho auto
po-ra-zee-lo yee/ho a^{w}-to.

cont...

Where is the police station?
Kde je policejní stanice?
*kde ye po-lee-tsey-n**ee** sta-nee-tse*

I've been robbed
Byl(a) jsem okraden(a)
beel(a) ysem ok-ra-den(a)

I've been raped
Byla jsem znásilněna
*bee-la ysem zn**a**-seel-n^{y}e-na*

Someone has stolen...
Někdo ukradl...
n^{y}ek-do ook-ra-dl...

I've lost...
Ztratil(a) jsem...
ztra-teel(a) ysem...

my camera
fotoaparát
*fo-to-a-pa-r**a**t*

my passport
pas
pas

my money
peníze
*pe-n**ee**-ze*

my airticket
letenku
le-ten-koo

My son is missing
Můj syn se ztratil
*m**oo**y seen se ztra-teel*

My daughter is missing
Moje dcera se ztratila
mo-ye dtse-ra se ztra-tee-la

His/Her name is...
Jmenuje se...
yme-noo-ye se...

I need a report for my insurance
Potřebuji hlášení kvůli pojištění
*pot-^{r}zhe-boo-yee hl**a**-she-n**ee** kv**oo**-lee po-yeesh-t^{y}e-n**ee***

Please call the British/Australian Embassy
Zavolejte, prosím, britské/australské velvyslanectví
*za-vo-ley-te pro-s**ee**m breet-sk**e**/a^{w}s-tral-sk**e** vel-vees-la-nets-tv**ee***

Opening hours are the same as most other shops: 8am–12pm then 1pm–6pm. Large pharmacies do not close for lunch. Condoms are available from vending machines.

Where is the nearest pharmacy?
Kde je nejbližší lékárna?
*kde ye ney-bleezh-sh**ee** le-kar-na*

I don't feel well
Necítím se dobře
*ne-ts**ee**-teem se dob-^{r}zhe*

I need something for...
Potřebuji něco proti...
pot-^{r}zhe-boo-yee n^{y}e-tso pro-tee...

a headache
bolení hlavy
*bo-le-n**ee** hla-vee*

diarrhoea
průjmu
*pr**oo**y-moo*

constipation
zácpě
*z**a**ts-p^{y}e*

Is it safe for...?
Je to bezpečné pro...?
*ye to bez-pech-n**e** pro...*

babies/children/pregnant women
nemluvňata/děti/těhotné ženy
*nem-loov-n^{y}a-ta/d^{y}e-tee/t^{y}e-hot-n**e** zhe-nee*

What is the dose?
Jaké je dávkování?
*ya-k**e** ye d**a**v-ko-v**a**-n**ee***

I have a rash
Mám vyrážku
*m**a**m vee-r**a**zh-koo*

■ WORDS YOU MAY NEED

antiseptic **dezinfekce** *de-zeen-fek-tse*
condoms **kondomy** *kon-do-mee*
cotton wool **vata** *va-ta*
dental floss **mezizubní nit'** *me-zee-zoob-n**ee** neet^{y}*
insect repellant **repelent** *re-pe-lent*
lipsalve **jelení lůj** *ye-le-n**ee** l**oo**y*
moisturizing lotion **plet'ová voda** *ple-t^{y}o-v**a** vo-da*
painkillers **léky proti bolesti** *l**e**-kee pro-tee bo-les-tee*
plasters **náplasti** *n**a**-plas-tee*
sanitary pads **menstruační vložky** *men-stroo-ach-n**ee** vlozh-kee*
suntan lotion **opalovací krém** *o-pa-lo-va-ts**ee** kr**e**m*
tampons **tampóny** *tam-p**o**-nee*
toothbrush **zubní kartáček** *zoob-n**ee** kar-t**a**-chek*
toothpaste **zubní pasta** *zoob-n**ee** pas-ta*

see also **BODY ❒ DOCTOR**

It hurts	my foot	my ankle
Bolí to	**moje noha**	**můj kotník**
*bo-**lee** to*	*mo-ye no-ha*	***mooy** kot-**neek***
	his foot	**her ankle**
	jeho noha	**její kotník**
	ye-ho no-ha	*ye-**yee** kot-**neek***

■ PARTS OF THE BODY

ankle(s) **kotník(y)** *kot-**neek**(ee)*
appendix **slepé střevo** *sle-**pe** st'zhe-vo*
arm(s) **paže** *pa-zhe*
back **záda** *za-da*
bone **kost** *kost*
breast **prsa** *prr-sa*
chest **hruď** *hrood*
ear(s) **ucho (uši)** *oo-kho (oo-shee)*
eye(s) **oko (oči)** *o-ko (o-chee)*
finger(s) **prst(y)** *prrst(ee)*
foot(feet) **noha (nohy)** *no-ha (no-hee)*
hand(s) **ruka (ruce)** *roo-ka (root-se)*
head **hlava** *hla-va*
heart **srdce** *srrd-tse*
hip **bok** *bok*
joint **kloub** *klo^w^b*
kidneys **ledviny** *led-vee-nee*
knee **koleno** *ko-le-no*
leg **noha** *no-ha*
liver **játra** *yat-ra*
muscle **sval** *sval*
neck **krk** *krrk*

 see also **DOCTOR ❐ PHARMACY**

The telephone directory lists doctors' addresses. Most doctors will speak some English and in cases of emergency recommend you to a hospital. You are usually required to pay for treatment in cash.

HOSPITAL	**nemocnice**	*ne-mots-nee-tse*
CASUALTY DEPARTMENT	**oddělení úrazů**	*od-dʸe-le-n**ee** **oo**-ra-z**oo***
PRESCRIPTION	**předpis**	*p'zhed-pees*
APPOINTMENT	**objednání k lékaři**	*ob-yed-n**a**-n**ee** k l**e**-ka-'zhee*

I have to see a doctor
Musím jít k doktorovi
*moo-s**ee**m y**ee**t k do-kto-ro-vee*

I have a pain here
Bolí mně tady
*bo-l**ee** mnʸe ta-dee*

My son is ill
Můj syn je nemocný
*m**oo**y seen ye ne-mots-n**ee***

My daughter is ill
Moje dcera je nemocná
*mo-ye dtse-ra ye ne-mots-n**a***

Will he/she have to go to hospital?
Bude muset jít do nemocnice?
*boo-de moo-set y**ee**t do ne-mots-nee-tse*

I'm pregnant
Jsem těhotná
*ysem tʸe-hot-n**a***

I'm diabetic
Jsem diabetik
ysem dee-ya-be-teek

(male and female)
Mám cukrovku
*m**a**m tsoo-krov-koo*

I need a tetanus injection
Potřebuji protitetanovou injekci
pot-'zhe-boo-yee pro-tee-te-ta-no-voʷ een-yek-tsee

I'm allergic to penicillin
Jsem alergický(á) na penicilín
*ysem a-ler-geets-k**ee**(**a**) na pe-nee-tsee-l**ee**n*

I'm on the Pill
Beru antikoncepci
be-roo an-tee-kon-tsep-tsee

I have diarrhoea
Mám průjem
*m**a**m pr**oo**-yem*

I think it's food poisoning
Myslím, že to je otrava jídlem
*m**a**m vee-so-k**ee** krev-n**ee** tlak*

I have high blood pressure
Mám vysoký krevní tlak
*m**a**m vee-so-k**ee** krev-n**ee** tlak*

Here are the drugs I'm taking
Tady jsou léky, které beru
*ta-dee ysoʷ l**e**-kee kte-r**e** be-roo*

see also **EMERGENCIES ❒ PHARMACY ❒ BODY**

DENTIST

Dentists are listed in the Yellow Pages. Payment is usually made in cash. Dental service is not cheap and the standard of treatment varies.

FILLING	**plomba** *plom-ba*
CROWN	**korunka** *ko-roon-ka*
DENTURES	**zubní protézy** *zoob-**nee** pro-**te**-zee*
INJECTION	**injekce** *een-yek-tse*

I need to see a dentist
Musím jít k zubaři
*moo-**see**m **yee**t k zoo-ba-ʳzhee*

He/She has toothache
Bolí ho/ji zub
*bo-**lee** ho/yee zoob*

This hurts
To bolí
*to bo-**lee***

Can you repair my dentures?
Můžete mi opravit zubní protézy?
*m**oo**-zhe-te mee op-ra-veet zoob-n**ee** pro-**te**-zee*

My filling has come out
Vypadla mi plomba
vee-pad-la mee plom-ba

My crown has come out
Vypadla mi korunka
vee-pad-la mee ko-roon-ka

It's an emergency
Je to naléhavé
*ye to na-**le**-ha-v**e***

Can you repair it?
Můžete mi to opravit?
*m**oo**-zhe-te mee to op-ra-veet*

How much will it be?
Kolik to bude stát?
*ko-leek to boo-de st**a**t*

I need a receipt for my insurance
Potřebuji doklad o zaplacení pro svou pojišťovnu
*pot-ʳzhe-boo-yee dok-lad o zap-la-tse-n**ee** pro svoʷ po-yeesh-tʸov-noo*

see also **PHARMACY**

The approach to disabled people has changed in recent years. Generally, however, there are still not many facilities, apart from newly-built or renovated hotels which cater for the disabled.

Are there facilities for the disabled?
Je tu vybavení pro zdravotně postižené?
*ye too vee-ba-ve-**nee** pro zdra-vot-n^y^e pos-tee-zhe-n**e***

Is there a toilet for the disabled?
Je tu záchod pro zdravotně postižené?
*ye too z**a**-khod pro zdra-vot-n^y^e pos-tee-zhe-n**e***

I want a room on the ground floor
Chci pokoj v přízemí
*khtsee po-koy v p^r^zh**ee**-ze-m**ee***

My partner/friend *(male)* **is in a wheelchair**
Můj partner/přítel je na vozíčku
*m**oo**^y^ part-ner/p^r^zh**ee**-tel ye na vo-z**ee**ch-koo*

My partner/friend *(female)* **is in a wheelchair**
Moje partnerka/přítelkyně je na vozíčku
*mo-ye part-ner-ka/p^r^zh**ee**-tel-kee-n^y^e ye na vo-z**ee**ch-koo*

I'm in a wheelchair
Jsem na vozíčku
*ysem na vo-z**ee**ch-koo*

Is there a lift?
Je tu výtah?
*ye too v**ee**-ta-h*

Where is the lift?
Kde je výtah?
*kde ye v**ee**-ta-h*

Are there many stairs?
Je tu hodně schodů?
*ye too hod-n^y^e skho-d**oo***

Is there a reduction for the disabled?
Je tu sleva pro vozíčkáře?
*ye too sle-va pro vo-z**ee**ch-k**a**-^r^zhe*

I'm deaf
Jsem hluchý
*ysem hloo-kh**ee***

see also **HOTEL**

What would you like for breakfast?
Co si dáte k snídani?
*tso see d**a**-te k sn**ee**-da-nee*

What would you like to eat?
Co si dáte k jídlu?
*tso see d**a**-te k **yee**d-loo*

What would you like to drink?
Co si dáte k pití?
*tso see d**a**-te k pee-t**ee***

Did you sleep well?
Spalo se vám dobře?
spa-lo se vam do-b'zhe

What would you like to do today?
Co chcete dnes dělat?
tso khtsete dnes d^y^e-lat

I will pick you up...
Vyzvednu vás...
*vee-zved-noo v**a**s...*

at the station
na nádraží
*na n**a**-dra-zh**ee***

at ... o'clock
v ... hodin
v ... ho-deen

May I phone home?
Můžu si zavolat domů?
*m**oo**-zhoo see za-vo-lat do-m**oo***

I like...
Mám rád...
*m**a**m r**a**d...*

I don't like...
Nemám rád...
*ne-m**a**m r**a**d...*

Take care
Dávejte pozor
*d**a**-vey-te po-zor*

Thanks for everything
Díky za všechno
*d**ee**-kee za vshekh-no*

Thank you very much
Moc vám děkuju
*mots v**a**m d^y^e-koo-yoo*

I've had a great time
Bylo to skvělé
*bee-lo to skvye-l**e***

Children under 15 can get a reduction on public transport.

A child's ticket
Lístek pro džti
__lees__-tek pro d^{y}e-tee

He/She is ... years old
je mu/jí ... let
ye moo/__yee__ ... let

Is there a reduction for children?
Mají děti slevu?
ma-__yee__ d^{y}e-tee sle-voo

Do you have a children's menu?
Máte jídlo pro děti?
__ma__-te __yee__d-lo pro d^{y}e-tee

Is it OK to take children?
Můžeme vzít s sebou děti?
m__oo__-zhe-me vz__ee__t s se-bo^w d^{y}e-tee

What is there for children to do?
Co tam mohou dělat děti?
tso tam mo-ho^w d^{y}e-lat d^{y}e-tee

Is there a play park near here?
Je tady blízko park?
ye ta-dee bl__ee__z-ko park

Is it safe for children?
Je to bezpečné pro děti?
ye to bez-pech-n__e__ pro d^{y}e-tee

Do you have...?
Máte...?
ma-te...

a high chair
dětskou židličku?
d^{y}et-skow zheed-leech-koo

a cot
dětskou postýlku
d^{y}et-skow po-st__ee__l-koo

Do you have any children?
Máte děti?
__ma__-te d^{y}e-tee

I have two children
Mám dvě děti
mam dv^{y}e d^{y}e-tee

He/She is 10 years old
Je mu/jí deset let
ye moo/__yee__ de-set let

Businesses generally operate from Monday to Friday. They tend to start and finish earlier than in other European countries.

BOARD MEETING	**schůzka představenstva** *skhooz-ka p'zhed-sta-venst-va*
CONFERENCE ROOM	**konferenční sál** *kon-fe-rench-nee sal*
MEETING	**schůzka** *skhooz-ka*
SAMPLE	**vzorek** *vzo-rek*
TO DRAW UP A CONTRACT	**sepsat smlouvu** *se-psat smlo^w-voo*
TRADE FAIR	**veletrh** *ve-le-trkh*

I'd like to arrange a meeting with...
Rád(a) bych si domluvil(a) schůzku s...
rad(a) beekh see dom-loo-veel(a) skhooz-koo s...

Can we meet...?
Můžeme se setkat...?
moo-zhe-me se set-kat...

for lunch
na oběd
na ob-^yed

for dinner
na večeři
na ve-che-'zhee

at 10am
v deset hodin
v de-set ho-deen

on 4 May
čtvrtého května
chtvrr-te-ho kv^yet-na

I'll confirm...
Potvrdím to...
pot-vrr-deem to...

by letter
dopisem
do-pee-sem

by fax
faxem
fak-sem

What's your address?
Jaká je vaše adresa?
ya-ka ye va-she ad-re-sa

How do I get to your office?
Jak se dostanu do vaší kanceláře?
yak se dos-ta-noo do va-shee kan-tse-la-'zhe

I am staying at...
Jsem ubytovaný(á) v...
ysem oo-bee-to-va-nee(a) v...

May I leave a message?
Mohu nechat vzkaz?
mo-hoo ne-khat vzkaz

I have an appointment with...
Mám schůzku s...
*m**a**m skh**oo**z-koo s...*

Here is my card
Tady je moje navštívenka
*ta-dee ye mo-ye nav-sht[y]**ee**-ven-ka*

I'm delighted to meet you at last
Jsem rád(a), že vás konečně poznávám
*ysem r**a**d(a) zhe v**a**s ko-nech-n[y]e poz-n**a**-v**a**m*

I'm sorry I'm late
Promiňte, že jdu pozdě
pro-meen[y]-te zhe ydoo poz-d[y]e

My flight was delayed
Moje letadlo mělo zpoždění
*mo-ye le-tad-lo mn[y]e-lo zpozh-d[y]e-n**ee***

May I introduce you to...
Dovolte, abych vás představil(a)...
*do-vol-te a-beekh v**a**s p[r]zhed-sta-veel(a)...*

YOU MAY HEAR

Schůzka byla zrušena
*skh**oo**z-ka bee-la zroo-she-na*
Your appointment has been cancelled

Budeme vás průběžně informovat
*boo-de-me v**a**s pr**oo**-b[y]ezh-n[y]e in-for-mo-vat*
We will keep you informed

Zavoláme vám co nejdříve
*za-vo-l**a**-me v**a**m tso ney-d[r]zh**ee**-ve*
We will call you back as soon as possible

This is the alphabet for dictionary purposes. NB **ch** *follows* **h**.

LETTER		SYMBOL	SOUNDS LIKE
A	a	*a*	**f**a**t**
B	b	*b*	**b**alloon
C	c	*ts*	bi**ts**
Č	č	*ch*	**ch**urch
D	d	*d*	**d**a**d**
E	e	*e*	p**e**t
F	f	*f*	**f**ur
G	g	*g*	**g**et
H	h	*h*	**h**ome
CH	ch	*kh*	lo**ch** *(Scottish pronunciation)*
I	i	*ee*	pol**i**ce
J	j	*y*	**y**es
K	k	*k*	**k**ite
L	l	*l*	**l**ate
M	m	*m*	**m**ilk
N	n	*n*	**n**o
O	o	*o*	r**o**pe
P	p	*p*	**p**eace
R	r	*r, rr*	**r**ed *(rolled)*
Ř	ř	*ṙzh*	*(combined 'r' and 'zh')*
S	s	*s*	**s**on
Š	š	*sh*	**sh**ut
T	t	*t*	**t**op
U	u	*oo*	bl**ue**
V	v	*v*	**v**et
W	w	*v*	**v**et
X	x	*x*	fa**x**
Y	y	*ee*	pol**i**ce
Z	z	*z*	**z**ebra
Ž	ž	*zh*	plea**s**ure

Czechs usually buy their shopping in decagrams (=10 grammes).

■ LIQUIDS

half a litre of...	**půl litru...**	*p**oo**l leet-roo...*
one litre of...	**jeden litr...**	*ye-den lee-trr...*
2 litres...	**dva litry...**	*dva leet-ree...*
a jug of...	**džbánek...**	*dzhb**a**-nek...*
a bottle of...	**láhev...**	*l**a**-hev...*
a glass of...	**sklenice...**	*skle-nee-tse...*

■ WEIGHTS

100 grams	**deset deka (10 dkg)**	*de-set de-ka*
half a kilo of...	**půl kila...**	*p**oo**l kee-la...*
one kilo of...	**jedno kilo...**	*yed-no kee-lo...*
2 kilos of...	**dvě kila...**	*dv^{y}e kee-la...*

■ FOOD

a slice of...	**plátek...**	*pl**a**-tek...*
a portion of...	**porce...**	*por-tse...*
a box of...	**krabice...**	*kra-bee-tse...*
a packet of...	**krabička...**	*kra-beech-ka...*
a tin of...	**plechovka...**	*ple-khov-ka...*
a jar of...	**sklenice...**	*skle-nee-tse...*

■ MISCELLANEOUS

...crowns worth of...	**... za....korun (Kč)**	*... za ...ko-roon*
a quarter	**jedna čtvrtina**	*yed-na chtvrr-tee-na*
ten per cent	**deset procent**	*de-set prot-sent*
more	**víc**	***veets***
less	**míň**	***meen**^{y}*
double	**dvojitý**	*dvo-yee-**tee***
once	**jednou**	*yed-no^w*
twice	**dvakrát**	*dva-kr**a**t*

NUMBERS

0	**nula** *noo-la*
1	**jeden** (m) **/jedna** (f)**/jedno** (nt) *yed-en/yed-na/yed-no*
2	**dva** (m) **/dvě** (f/nt) *dva/dv^{y}e*
3	**tři** *t^{r}zhee*
4	**čtyři** *chtee-^{r}zhee*
5	**pět** *p^{y}et*
6	**šest** *shest*
7	**sedm** *se-doom*
8	**osm** *o-soom*
9	**devět** *de-v^{y}et*
10	**deset** *de-set*
11	**jedenáct** *ye-de-n**a**tst*
12	**dvanáct** *dva-n**a**tst*
13	**třináct** *t^{r}zhee-n**a**tst*
14	**čtrnáct** *chtrr-n**a**tst*
15	**patnáct** *pat-n**a**tst*
16	**šestnáct** *shest-n**a**tst*
17	**sedmnáct** *se-doom-n**a**tst*
18	**osmnáct** *o-soom-n**a**tst*
19	**devatenáct** *de-va-te-n**a**tst*
20	**dvacet** *dva-tset*
21	**dvacet jedna** *dva-tset yed-na*
22	**dvacet dva** *dva-tset dva*
23	**dvacet tři** *dva-tset t^{r}zhee*
24	**dvacet čtyři** *dva-tset chtee-^{r}zhee*
25	**dvacet pět** *dva-tset p^{y}et*
30	**třicet** *t^{r}zhee-tset*
40	**čtyřicet** *chtee-^{r}zhee-tset*
50	**padesát** *pa-de-s**a**t*
60	**šedesát** *she-de-s**a**t*
70	**sedmdesát** *se-doom-de-s**a**t*
80	**osmdesát** *o-soom-de-s**a**t*
90	**devadesát** *de-va-de-s**a**t*
100	**sto** *sto*
110	**sto deset** *sto de-set*
500	**pět set** *p^{y}et set*
1,000	**tisíc** *tee-**see**ts*
2,000	**dva tisíce** *dva tee-**see**t-se*
1 million	**milión** *mee-lee-**yo**n*

1st	**první** *prrv-**nee***
2nd	**druhý** *droo-**hee***
3rd	**třetí** *t^{r}zhe-**tee***
4th	**čtvrtý** *chtvrr-**tee***
5th	**pátý** *p**a**-**tee***
6th	**šestý** *shes-**tee***
7th	**sedmý** *sed-**mee***
8th	**osmý** *os-**mee***
9th	**devátý** *de-v**a**-**tee***
10th	**desátý** *de-s**a**-**tee***

■ DAYS

Monday pondělí *pon-d'e-**lee***
Tuesday úterý ***oo**-te-**ree***
Wednesday středa *st'zhe-da*
Thursday čtvrtek *chvrr-tek*
Friday pátek ***pa**-tek*
Saturday sobota *so-bo-ta*
Sunday neděle *ne-d'e-le*

■ MONTHS

January leden *le-den*
February únor ***oo**-nor*
March březen *b'zhe-zen*
April duben *doo-ben*
May květen *kv'e-ten*
June červen *cher-ven*
July červenec *cher-ve-nets*
August srpen *srr-pen*
September září *za-'zhee*
October říjen *'zh**ee**-yen*
November listopad *lee-sto-pad*
December prosinec *pro-see-nets*

■ SEASONS

spring jaro *ya-ro*
summer léto ***le**-to*
autumn podzim *pod-zeem*
winter zima *zee-ma*

What's the date today?
Kolikátého je dnes?
*ko-lee-**ka**-**te**-ho ye dnes*

It's the 10th of March
Je desátého března
*ye de-**sa**-**te**-ho b'zhez-na*

see also **NUMBERS**

What time is it?
Kolik je hodin?
ko-leek ye ho-deen

am
dopoledne
do-po-led-ne

pm
odpoledne
od-po-led-ne

It's...
Je...
ye...

it's midday
je poledne
ye po-led-ne

it's midnight
je půlnoc
*ye p**oo**l-nots*

it's one o'clock
je jedna hodina
ye yed-na ho-dee-na

it's nine o'clock
je devět hodin
ye de-vyet ho-deen

at midday
v poledne
v po-led-ne

at midnight
o půlnoci
*o p**oo**l-no-tsee*

9 **devět hodin** *de-vyet ho-deen*

9.10 **devět hodin deset minut** *de-vyet ho-deen de-set mee-noot*

9.15 **devět hodin patnáct minut** *de-vyet ho-deen pat-n**a**tst mee-noot*

a quarter past 9 **čtvrt na deset** *chtvrrt na de-set*

9.30 **devět hodin třicet minut** *de-vyet ho-deen trzhee-tset mee-noot*

half past 9 **půl desáté** *p**oo**l de-s**a**-te*

9.45 **devět hodin čtyřicet pět minut** *de-vyet ho-deen chtee-rzhee-tset pyet mee-noot*

a quarter to 10 **tři čtvrtě na deset** *trzhee chtvrr-tye na de-set*

9.50 **devět hodin padesát minut** *de-vyet ho-deen pa-de-s**a**t mee-noot*

10 to 10 **za deset minut deset** *za de-set mee-noot de-set*

■ YOU MAY HEAR

Bohužel nevím
*bo-hoo-zhel ne-v**ee**m*
Sorry, I don't know

Nemám hodinky
*ne-m**a**m ho-deen-kee*
I haven't got a watch

When does it open?
Kdy se otevírá?
*kdee se o-te-**vee**-ra*

When does it close?
Kdy se zavírá?
*kdee se za-**vee**-ra*

When does it begin?
Kdy se začíná?
*kdee se za-ch**ee**-na*

When does it end?
Kdy se končí?
*kdee se kon-ch**ee***

What time do you close?
V kolik hodin zavíráte?
*vko-leek ho-deen za-**vee**-**ra**-te*

today
dnes
dnes

tomorrow
zítra
***zee**-tra*

yesterday
včera
vche-ra

for 1 day
na jeden den
na ye-den den

for 2 days
na dva dny
na dva dnee

for one week
na týden
*na **tee**-den*

now
nyní
*nee-n**ee***

later
později
poz-dʸe-yee

immediately
okamžitě
o-kam-zhee-tʸe

as soon as possible
co nejdříve
*tso ney-dʳzh**ee**-ve*

in the morning
ráno
***ra**-no*

in the afternoon
odpoledne
od-po-led-ne

this evening
dnes večer
dnes ve-cher

on Saturday
v sobotu
v so-bo-too

next Saturday
příští sobotu
*pʳzh**ee**sh-t**ee** so-bo-too*

last Saturday
minulou sobotu
mee-noo-loʷ so-bo-too

see also **NUMBERS**

EATING PLACES

For Czech families the main meal of the day is lunch (oběd), between 11am and 2pm. Breakfast (snídaně) is between 7am and 9am and dinner (večeře) is usually something cold. Breakfast consists of bread, rolls, butter, jam or honey with tea or milk. For lunch people tend to have a hot meal – soup, meat with potatoes and some vegetables. At weekends lunch is more elaborate, always including soup, main course and dessert. For dinner there would be bread with cheese, salami or eggs. If Czechs go out for an evening meal, they take the children too. Traditionally, Czech food is meat-based, with as few vegetables as possible! This tendency is rapidly changing, though (see VEGETARIAN). The variety and quality of eating establishments has increased significantly in recent years, especially in larger cities.

Bufet

Self-service snack bar serving simple hot and cold snacks, often eaten standing up.

kavárna

Café serving coffee, cakes, various refreshments, alcoholic and non-alcoholic drinks.

PIVNICE

type of pub

hospoda/hostinec/pohostinství

Typical Czech beer hall with basic, traditional Czech dishes.

Cukrárna

Sweet shop serving cakes, ice cream, soft drinks, coffee and tea; some function as cafés, some are just take-aways.

restaurace

Restaurant serving set-price meals and drinks. They are given category ratings according to the standard. Category No. I is the most luxurious.

vinárna

Restaurant serving a set-price menu with a wide range of wines.

People normally drink coffee, soft drinks, mineral water or beer during the day and with meals. If you want to drink beer, go to a **hospoda** *or* **pivnice** *(types of pub), for wine try a* **vinárna** *and for coffee a* **kavárna**. *Places serving tea* **čajovny** *have become more popular in Prague recently.*

a tea
čaj
*cha^y^*

a beer
pivo
pee-vo

2 teas
dva čaje
dva cha-ye

2 cappuccinos
dvě cappuccina
d^v^e ka-poo-chee-na

please
prosím
pro-seem

Do you have...?
Máte...?
ma-te...

beer
pivo
pee-vo

tea
čaj
*cha^y^*

cappuccino
cappuccino
ka-poo-chee-no

another ... please
ještě ... prosím
yesh-t^y^e ... pro-seem

another beer
ještě pivo
yesh-t^y^e pee-vo

another coffee
ještě kávu
yesh-t^y^e ka-voo

a white coffee
káva s mlékem
ka-va s mle-kem

a black coffee
černá káva
cher-na ka-va

with milk
s mlékem
s mle-kem

with sugar
s cukrem
s tsook-rem

without sugar
bez cukru
bez tsook-roo

with lemon
s citrónem
s tsee-tro-nem

with ice
s ledem
s le-dem

a bottle of mineral water
láhev minerálky
la-hev mee-ne-ral-kee

sparkling
perlivá
per-lee-va

still
neperlivá
ne-per-lee-va

for him
pro něho
pro n^y^e-ho

for her
pro ni
pro nee

for us
pro nás
pro nas

Would you like a drink?
Dáte si něco k pití?
da-te see n^y^e-tso k pee-tee

see also ❑ IN A RESTAURANT

Where can we have lunch?
Kde se můžeme naobědvat?
kde se moo-zhe-me na-ob-ʸed-vat

Where can we have dinner?
Kde se můžeme navečeřet?
kde se moo-zhe-me na-ve-che-ʳzhet

Is there a good restaurant?
Je tu někde dobrá restaurace?
ye too nʸek-de dob-ra res-taʷ-ra-tse

not too expensive
ne příliš drahé
ne pʳzhee-leesh dra-he

Is there a snack bar?
Je tu někde snack bar?
ye too nʸek-de snek bar

Where is the restaurant?
Kde je ta restaurace?
kde ye ta res-taʷ-ra-tse

A table...
Stůl...
stool...

for 2/3/4
pro dva/tři/čtyři
pro dva/tʳzhee/chtee-ʳzhee

please
prosím
pro-seem

The menu, please
Jídelní lístek, prosím
yee-del-nee lees-tek pro-seem

Is there a dish of the day?
Máte denní menu?
ma-te den-nee me-noo?

Does this include vegetables?
Je to včetně zeleniny?
ye to vchet-nʸe ze-le-nee-nee

What is this?
Co to je?
tso to ye

I'd like this
Chtěl(a) bych tohle
khtʸel(a) beekh to-hle

with chips
s hranolky
s hra-nol-kee

with salad
se salátem
se sa-la-tem

no onion, please
bez cibule, prosím
bez tsee-boo-le pro-seem

no tomatoes, please
bez rajčat, prosím
bez raʸ-chat pro-seem

Excuse me!
Promiňte!
pro-meenʸ-te

Please bring...
Přineste prosím...
pʳzhee-nes-te pro-seem...

more bread
ještě chleba
yesh-tʸe khle-ba

another bottle
další láhev
dal-shee la-hev

another glass
další skleničku
dal-shee skle-neech-koo

The bill, please
Účet, prosím?
oo-chet pro-seem

This is delicious
Je to výborné
ye to vee-bor-ne

Where are the bathrooms please?
Kde jsou záchody, prosím
kde ysou za-kho-dee pro-seem

 see also EATING PLACES ☐ BEERS, WINES & SPIRITS

Although much has changed, there are still very few vegetarian restaurants in the Czech Republic, and the diet is very meat-based. However, fish, pasta, omelette and cheese dishes (the most popular being fried cheese **smažený sýr**) *are usually available.*

I'm vegetarian
Jsem vegetarián(ka)
*ysem ve-ge-ta-ree-y**a**n(-ka)*

I don't eat meat
Nejím maso
*ne-y**ee**m ma-so*

Is there a vegetarian restaurant here?
Je tady někde vegetariánská restaurace?
*ye ta-dee nʸek-de ve-ge-ta-ree-y**a**n-sk**a** res-taʷ-ra-tse*

Is there meat in this dish?
Není v tom jídle maso?
*ne-n**ee** v tom y**ee**d-le ma-so*

What vegetarian dishes do you have?
Jaká vegetariánská jídla máte?
*ya-k**a** ve-ge-ta-ree-y**a**n-sk**a** y**ee**d-la m**a**-te*

What fish dishes do you have?
Jaká rybí jídla máte?
*ya-k**a** ree-b**ee** y**ee**d-la m**a**-te*

■ VEGETARIAN DISHES bezmasá jídla

bramborák *potato pancake*
čočka s vejcem *lentils with egg*
knedlík s vejci *czech bread dumplings with eggs*
lečo s vejcem *spicy vegetable casserole with eggs*
míchaná vejce *scrambled eggs*
omeleta se špenátem *spinach omelette*
omeleta se žampiony *mushroom omelette*
smažený Hermelín *fried Camembert-style cheese*
smažený sýr *fried cheese*
sýrová mísa *cheese platter*
zeleninové karbanátky *vegetable burgers*
zeleninové rizoto *vegetable risotto*

see also **EATING PLACES ❒ BEERS, WINES & SPIRITS**

Czech beer is of outstanding quality and very cheap, although there is not as much variety as in Britain (nearly all types are light, lager-style beers). Each pub serves up to three types of beer on tap (one weaker lager, one stronger lager and a dark beer) and most have bottled beer as well. Beers are graded by degrees, according to malt content: 10 and 12 degree beers are the most common. The lower the degree, the lower the alcoholic strength. When going to the pub, Czechs usually drink the weaker 10 degree beer. After joining the EU, all beer brands show the alcoholic strength but the degree system is still common when ordering the beer: **desítka** *(10)* **nebo dvanáctka** *(12). Czech beers differ slightly in taste and are either* **světlé** *(light) or* **tmavé** *(dark). It is also common to order* **řezané** *(mixed) – you will get a mix of light and dark beer 1:1. Beer with a minimal alcohol content is also available for drivers. Dark beers are usually sweeter. Pilsner, a German word, means 'from Pilsen'* **(Plzeň)** *and this is where* **Gambrinus** *and* **Primus** *come from, along with* **Pilsner Urquell** *(***Plzeňský prazdroj***), which is now widely available in Britain. So too are* **Staropramen** *(brewed in Prague) and of course* **Budvar** *Budweiser (from Budweis, ie* **České Budejovice***; the Czechs had the name before the Americans and the Czech version is far superior). The famous 14th-century brewhouse* **U Fleků** *in Prague has its own beer, a strong dark caramel beer rating 13 degrees, served exclusively on the premises. Other notable Bohemian beers are* **Braník**, **Krušovické**, **Velkopopovické**, **Radegast** *and* **Samson**. *Pubs serve beer in half-litre mugs or smaller* **třetinka** *glasses holding 300 ml. The waiter often brings your next beer without being asked, so if you don't want it be sure to tell the waiter as he is setting it down. Neither him bringing the beer unasked or you refusing the beer is considered to be impolite. The beer will always find a new owner. Instead of paying for the beer as you order it, as you would in Britain, a tally is kept on a slip of paper at your table and you pay at the end of the evening. Beer bought in a shop includes a deposit for the bottle.*

 see also **EATING PLACES ❒ BEERS, WINES & SPIRITS**

While Bohemia is mainly a beer country, Moravia, particularly the southern part, produces wine (as does Slovakia). Moravian wine is good and generally not very expensive; it is mainly drunk in restaurants rather than with meals at home. Trips to Moravian wine-cellars are popular, not only for the wine but also for the wonderful music and singing. In Bohemia, the town of **Mělník** *has traditionally produced dry white and red wine (***Ludmila***). There is a large variety of Sauvignons, including a particularly interesting one from* **Kroměříž**. *Most wines are drunk young, but* **archivní** *(vintage) wines are generally available too. Among light white wines you might try are* **Ryzlink**, **Veltlínské zelené** *and* **Neuburské**; *dry reds include* **Tramín**, **Rulandské** *and* **Sylvánské**, *along with the sweeter* **Frankovka** *and* **Vavřinecké**. *As for sparkling wines,* **Bohemia Sekt** *is well known. In autumn* **burčák**, *a slightly alcoholic wine must in the process of fermenting, is drunk for the short period when the grapes are processed. Its sweetness can be deceiving, as it can pack quite a punch. In winter, mulled wine is popular.*

As for spirits, **becherovka** *(a digestive herb liqueur) and* **slivovice** *(plum brandy) are the best known. A Moravian variation of cognac* **Vizovňak** *is worth mentioning and so are other herb liqueurs:* **Borovička**, *made with juniper leaves,* **Praděd**, *and* **Fernet stock**, *much less sweet than* **Praděd**, *with a distinctive bitter taste. The local rum,* **tuzemák**, *has a different flavour from other better-known rums. It is not made of sugar cane but of spirit and additives, similar to Austrian rum. This imitation of rum is caused by the Czech Republic's (and Austria's) lack of access to the sea; they had to find their own way to produce rum without sugar cane. In winter, it forms the basis of the popular hot drink* **grog**. **Absinth** *has also enjoyed a resurgence in recent years and is available in many pubs and bars. It is often consumed as a shot with a cube of sugar and a spoon. The spoon with the sugar is dipped into the* **absinth** *then removed and lit on fire. Once the sugar has caramelised it is stirred into the* **absinth**.

cont...

I'd like a beer
Chtěl(a) bych pivo
khtʸel(a) beekh pee-vo

2 beers, please
dvě piva, prosím
*dvʸe pee-va pro-**seem***

Can you recommend a good wine?
Můžete nám doporučit nějaké dobré víno?
*m**oo**-zhe-te n**a**m do-po-roo-cheet nʸe-ya-k**e** dob-r**e** **vee**-no*

A bottle...
Láhev...
***la**-hev...*

A glass...
Skleničku...
skle-neech-koo...

of beer
piva
pee-va

of wine
vína
***vee**-na*

of red wine
červeného vína
*cher-ve-**ne**-ho **vee**-na*

of white wine
bílého vína
***bee**-**le**-ho **vee**-na*

of dry white wine
suchého bílého vína
*soo-kh**e**-ho **bee**-**le**-ho **vee**-na*

of sparkling wine
sektu
sek-too

medium dry
středně suché
*stʳzhed-nʸe soo-kh**e***

sweet wine
sladké víno
*slad-k**e** **vee**-no*

mulled wine
svařené víno
*sva-ʳzhe-n**e** **vee**-no*

The wine list, please
Vinný lístek, prosím
*vee-n**ee** **lee**s-tek pro-**seem***

What liquers do you have?
Jaké máte likéry?
*ya-k**e** m**a**-te lee-k**e**-ree*

What spirits do you have?
Jaký máte alkohol?
*ya-k**ee** m**a**-te al-ko-hol*

■ STARTERS předkrmy

ďábelské tousty *devil's toasts (with spicy spread)*
plněná vejce *hard boiled eggs with tartare sauce*
pražská šunka s okurkou *Prague ham with pickles*
ruská vejce *hard-boiled eggs with potato salad*
šunková rolka *ham roll with whipped cream and horseradish*
uherský salám *Hungarian salami*

■ SOUPS polévky

bramborová polévka *potato soup (often with other vegetables)*
cibulová polévka *onion soup*
čočková polévka *lentil soup*
fazolová polévka *bean soup*
gulášová polévka *thick soup with pieces of beef and potatoes*
houbová polévka *mushroom soup with potatoes and cream*
hovězí polévka *beef soup with noodles*
hrachová polévka *pea soup*
pórková polévka *leek soup*
rajská polévka *tomato soup*
zelňačka *local sauerkraut soup with cream*

■ MAIN COURSES hlavní jídla

biftek se šunkou a vejci *minute steak with ham and egg*
čočka s vejcem *lentils with egg*
grilovaná masová směs *mixed grill*
hovězí guláš *stewed beef with paprika (spicy)*
hovězí maso s koprovou omáčkou *beef in dill cream sauce*
hovězí maso s rajskou omáčkou *beef cooked in tomato sauce*
husa *goose*
játra na roštu *grilled liver*
kachna *duck*
králík *rabbit*
kuře na paprice *chicken paprika (spicy)*
kuřecí prsíčka *chicken breast*
losos *salmon*
masový špíz *meat cooked on skewer*

opečená klobása *roast smoked sausage*
omeleta *omelette with various filling*
párek *frankfurters*
pečená kachna *roast duck*
pečené kuře *roast chicken*
pstruh na másle *trout sautéed in butter*
rizoto *risotto with meat and vegetables*
smažená jatra *fried liver*
smažené filé *fried fillet of fish*
smažené žampióny *champignons fried in breadcrumbs*
smažený kapr *carp fried in breadcrumbs*
smažený sýr *cheese fried in breadcrumbs*
svíčková pečeně *beef sirloin in cream sauce*
španělský ptáček *beef roll stuffed with eggs, bacon and gherkins*
telecí *veal*
uzené maso *boiled smoked pork*
vepřová kotleta *pork chop*
vepřová pečeně se zelím *roast pork with shredded pickled white cabbage*
vepřový řízek *Wiener schnitzel – pork escalope fried in breadcrumbs*
vepřové žebírko *spare rib*
zvěřina *game*

■ SIDE DISHES přílohy

bramborák *potato pancake*
bramborová kaše *potato purée*
bramborové knedlíky *potato dumplings*
bramborový salát *potato salad*
bramborý pečené *baked potatoes*
brambory vařené *boiled potatoes*
hranolky *chips*
knedlíky *Czech bread dumplings*
pečivo *bread rolls*
rýže *stewed rice*
smažené krokety *fried potato croquettes*
šunková rýže *ham rice*
těstoviny *pasta*

■ SALADS saláty

míchaný salát *mixed salad*

mrkvový salát s jablky *carrots with apples*

okurkový salát *cucumber salad*

rajčatový salát *tomato salad*

šopský salát *Greek salad*

zelný salát *shredded white cabbage salad*

■ DESSERTS moučníky

dorty *cakes*

jablečný závin *apple strudel*

krém karamel *crème caramel*

ovoce *fruit*

ovocné knedlíky *dumplings filled with fruit and served with cottage cheese*

... švestkové *plum filling*

... meruňkové *apricot filling*

ovocný salát *fruit salad*

palačinky se šlehačkou *pancakes with fruit and whipped cream*

piškot se šlehačkou *sponge roll with whipped cream*

zmrzlinový pohár *ice cream sundae*

A

alkoholické nápoje *alcoholic beverages*
americké brambory *roasted potatoes with skins*
ananas *pineapple*
anglická slanina *bacon*
angrešt *gooseberry*
anýz *aniseed*
artyčoky *artichokes*

B

bábovka *ring cake filled with poppy seeds*
banán *banana*
bažant *pheasant*
bezmasá jídla *vegetarian food*
biftek *steak*
bílá káva *white coffee*
bílá klobása *white sausage (veal and pork with herbs)*
bílé víno *white wine*
bílé zelí *white cabbage*
bílý chléb *white bread*
blat'ácké zlato *a mild, semi-soft yellow cheese*
bobkový list *bay leaf*
boršč *borsch*
borůvky *blueberries*
bramboračka *potato soup*
bramborák *potato pancake*
bramborová kaše *potato purée/mashed potatoes*
bramborová placka *potato pancake*
bramborová polévka *potato soup*
bramborové hranolky *chips/French fries*
bramborové knedlíky *potato dumplings*
bramborové knedlíky plněné uzeným masem s cibulkou *potato dumplings filled with smoked meat with onions*
bramborové krokety *potato croquettes*
bramborové šišky *small flour and potato dumplings served with sweet coating*
bramborový knedlík *potato dumplings*
bramborový salát *potato salad*
brambory *potatoes*
broskev *peach*
brusinky *cranberries*
bryndza *sheep's milk cheese*

bryndzové halušky *gnocchi (small dumplings) with sheep's milk cheese and diced bacon*
bublanina *sponge with fruit (usually cherry)*
bůček *belly pork*
buchtičky se šodó *sweet, mini yeast-cakes served with warm vanilla sauce*
buchty *buns/yeast dumpling filled with various jams or cottage cheese*
buchty s povidly *buns filled with plum jam*
buchty s tvarohem *buns filled with cottage cheese*
buchty s mákem *buns filled with poppy seeds*
buchty s povidly *buns filled with plum jam*
bujón *broth with egg*
buráky/burské oříšky *peanuts*
buřty s cibulí *sausages with onions*
bylinkový čaj *herbal tea*
bylinky *herbs*

C

candát *zander (a freshwater fish similar to pike)*
celer *celery*
celerový salát *celeriac salad*
celozrnný *wholemeal*
celozrnný chléb *wholemeal bread*
cibulačka *onion soup*
cibule *onion*
cibulový koláč *onion flan*
cikánská pečeně *Gypsy-style ham*
citron *lemon*
citronový čaj *lemon tea*
cuketa *courgette*
cukr *sugar*
curkoví *cookies, biscuits*
čaj *tea*
čaj s citronem *tea with lemon*
čaj s mlékem *tea with milk*
čedar *cheddar cheese*
černá káva *black coffee*
černý čaj *black tea*
černý chléb *rye bread*
černý rybíz *blackcurrant*
čerstvé ovoce *fresh fruit*
červená řepa *beetroot*
červené víno *red wine*
červené zelí *red cabbage*
červený rybíz *redcurrant*

česnečka/česnekačka *garlic soup*
česnek *garlic*
česneková polévka *garlic soup*
česneková pomazánka *garlic spread*
čevapčiči *meatballs*
čočka *lentils*
čočka na kyselo *savoury lentils*
čočková polévka *lentil soup*
čočkový salát *lentil salad*
čokoláda *chocolate*
čokoládový dort *chocolate cake*

D

d'ábelské toasty *spicy toast*
dalamánek *dark bread roll*
dary moře *seafood*
datle *dates*
denní menu *dish of the day*
dětská jídla/jídla pro děti *children's food/portions*
dezerty *desserts*
divočák *wild boar*
divoký králík na česneku *wild rabbit with garlic*
domácí *home-made*
dort *cake*
drobenkový koláč *cheese crumble pie*
dršťková polévka *tripe soup*
drůbež *poultry*
drůbky *giblets*
dukátové buchtičky *mini yeast cakes/tiny doughnuts*
dušená kachna s brusinkami *braised duck with cranberries*
dušené zelí *stewed cabbage*
dušený bažant na žampionech *pheasant cassserole with mushroom*
dušený, dušená, dušené *steamed, stewed*
dva, tři, čtyři kopečky *two, three, four scoops*
dýně *pumpkin*
džem *jam*
džus *juice*

E

eidam *edam cheese*
ementál *Swiss-style cheese*
estragon *tarragon*

F

fazole *beans*
fazole na kyselo *sour beans*

fazolová polévka *bean soup*
fazolový salát *bean salad*
fenykl *fennel*
fíky *figs*
flambovaný, flambovaná, flambované *flambéed*
fleky *kind of pasta*
flundra *flounder*
fondue *cheese fondue*

G

grapefruit *grapefruit*
grilovaný, grilovaná, grilované, na grilu *grilled*
grog *hot water mixed with rum*
guláš *goulash (stewed diced beef and pork with paprika served usually with dumplings)*
guláš z dančího masa *venison goulash*
gulášová polévka *goulash soup*
gyros *kebab*

H

hamburger *hamburger*
hermelín *camembert-style cheese*
heřmánkový čaj *camomile tea*
hlávkový salát *green salad*
hlavní chod *main course*
hlavní jídla *entrées*
holub *pigeon*
horky, horká, horké *hot, warm*
hořčice *mustard*
hotová jídla *ready-made dishes*
houbová polévka *mushroom soup*
houby *mushrooms*
houska *braided bread loaf*
houskový knedlík *bread dumpling*
hovězí *beef*
hovězí guláš *beef goulash*
hovězí oháňka *oxtail*
hovězí pečeně *roast beef*
hovězí plátek *sliced beef*
hovězí polévka *beef soup*
hovězí vývar *beef consommé*
hovězí vývar s játrovými knedlíčky *beef consommé with liver dumplings*
hrách *peas*
hrachová polévka *pea soup*
hranolky *chips*
hrášek *peas*
hrozinky *raisins*

hroznové víno *grapes*
hroznový džus *grape juice*
hrozny *grapes*
hruška *pear*
hruškovice *pear brandy*
hřebíček *clovers*
humr *lobster*
husa *goose*
husí játra *goose liver*

CH

chléb *bread*
chlupaté knedlíky se zelím *potato dumplings with cabbage made from raw grated potato, flour and egg*
chod *course*
chodský koláč *large lattice pie á la southwestern Bohemia, with cottage cheese, plum jam and poppy seed filling*
chřest *asparagus*
chřestový krém *cream of asparagus soup*
chuťovky *savouries*

J

jablečný závin/štrůdl *apple pastry/strudel*
jablko *apple*
jablkový závin/štrůdl *apple pastry/strudel*
jahody *strawberries*
jarní míchaný salát *mixed fresh vegetable salad*
játra *liver*
játrová paštika *liver pâté*
játrové knedlíčky *liver dumplings*
jazyk *tongue*
jeden kopeček *one scoop*
jehněčí *lamb*
jehněčí kýta *leg of lamb*
jelen *venison*
jelito *black pudding*
jídla na objednávku *dishes to order*
jitrnice *liver sausage*
jogurt *yoghurt*

K

kachna *duck*
kachna pečená *roast duck*
kakao *cocoa*
kalvados *calvados (apple brandy)*
kančí *wild boar*
kapary *capers*

kapr *carp*
kapr na černo *carp in a black sauce of peppercorns and dark beer*
kapr na kmíně *carp with caraway seeds*
kapr na modro *carp cooked in stock with wine and spices*
kapr smažený *fried carp*
kapustová polévka *cabbage soup*
karbanátky *rissoles*
kaštany *chestnuts*
káva *coffee*
káva bez kofeinu *decaffeinated coffee*
káva s mlékem *coffee with milk*
kaviár *caviar*
keksy/sušenky *biscuits*
klobása *hot spicy sausage. A popular snack served with bread and mustard*
klobása s hořčicí *kielbasa with mustard*
kmín *caraway seed*
kmínová polévka *caraway seed soup*
knedlík s vejcem *fried bread dumpling with eggs*
knedlíky *dumplings*
koblihy *doughnuts*
kokos *coconut*
koláčky *sweet buns*
kompot *stewed fruit*
kompotové ovoce *fruit compote*
kopr *dill*
koprová omáčka *dill sauce*
korbáčik *braided string cheese*
kornout na zmrzlinu/zmrzlinový kornout *ice cream cone*
koroptev *partridge*
koření *seasoning/spice*
kotlet *cutlet, chop*
kozí sýr *goat's milk cheese*
krab *crab*
králík *rabbit*
krém *custard*
krocan *turkey*
krokety *croquettes*
kroupy *barley*
krupky *barley*
krůta *turkey*
krůtí prsa s broskví *turkey breast with peach*
krvavý biftek *rare steak*
křen *horseradish*
křepelka *quail*

kukuřice *sweetcorn*

kulajda *a thick soup with potatoes, wild mushrooms, dill, egg and sour cream*

kuře *chicken*

kuře s nádivkou *roast chicken with chicken liver stuffing*

kuřecí játra *chicken liver*

kuřecí prsa *chicken breast*

kuřecí prsa s ananasem *chicken breast with pineapple*

kuřecí rizoto *chicken risotto*

kuřecí řízek *chicken steak*

květák *cauliflower*

kynuté knedlíky s ovocem *fruit dumplings served with sugar and melted butter*

kyselé okurky *sour pickles*

kyselé zelí *sauerkraut*

kyselica *sauerkraut soup*

kyselý, kyselá, kyselé *sour*

kýta *leg*

L

langoš *fried pastry coated in garlic*

lasagne *lasagne*

lázeňské oplatky *'Carlsbad layer cake', wafer sandwich with walnut or cocoa butter filling*

led *ice*

ledová káva *iced coffee*

ledové víno *a rich, naturally sweet, white wine made from grapes which are only harvested after a period of frost*

ledvinky *kidneys*

lesní ovoce *fruits of the forest*

likér *liqueur*

lilek *aubergine*

limonáda *lemonade*

lískové ořechy *hazelnuts*

listový salát *green salad*

lívanečky *raised pancakes*

losos *salmon*

Ludmila *wine from Mûlník grown in the Labe River valley at the confluence with the Vltava River*

M

majoránka *marjoram*

mák *poppy seed*

makarony *macaroni*

makovník *cake with poppy seeds*
makrela *mackerel*
malinovice *raspberry brandy*
maliny *raspberries*
mandarinka *tangerine*
mandle *almonds*
marinovaný, marinovaná, marinované *marinated*
marmeláda *jam ; marmalade*
marokánky *macaroons*
máslo *butter*
maso *meat*
masová směs na roštu *mixed grill*
máta *mint*
matesy *salted herring*
mátový čaj *mint tea*
mečoun *swordfish*
med *honey*
meloun *melon*
meruňka *apricot*
meruňkovice *apricot brandy*
míchaná vejce *scrambled eggs*
míchaný salát *tossed salad*
minerální voda *mineral water*
mirabelky *small yellow plums*
mléčný koktejl *milkshake*
mléko *milk*
mleté maso *mince*
mletý, mletá, mleté *minced*
moravský koláč *Moravian bun filled twice during cooking; first with curd cheese and then jam, sprinkled with crumble*
moravský vrabec *'Moravian sparrow' – roasted pieces of pork sprinkled with caraway seeds*
mořské ryby *seafood*
mořský krab *shrimp*
mořský okoun *bass*
mouka *flour*
mozek/mozeček *brain*
mrkev *carrot*
mrkvový salát *carrot salad*
muškátový oříšek *nutmeg*
mušle *mussels*

N

na černo *in a sweet sauce, usually made of peppercorns, red wine and raisins*
na česneku *with garlic*
na pivě *with a beer sauce and spices*

na smetaně *in cream sauce*

na víně *in wine*

nakládané houby *pickled mushrooms*

nakládané okurky *gherkins*

nakládany hermelín *camembert-style cheese marinated in spices and oil*

nápoje *beverage, drink*

nealkoholické nápoje *soft drinks*

nektar *juice (approx. 10-20% fruit content)*

niva *blue cheese*

noky *small dumplings/gnocchi*

nudle *noodles*

nudle s mákem *sweet noodles with poppy seeds*

O

obilí *corn*

obložený chlebíček *open sandwich*

obložený talíř *variety platter usually including sliced meats, cheeses and vegetables*

ocet *vinegar*

okoun *perch*

okurková omáčka *gherkin sauce*

okurkový salát *cucumber salad*

okurky *cucumbers ; gherkins*

olej *oil*

olivy *olives*

omáčka *sauce*

omeleta se zavařeninou *jam omelette*

ořechový dort *nut cake*

ořechy *nuts*

ostružiny *blackberries*

ovar *boiled (salted) pork*

ovoce *fruit*

ovocná šťáva *fruit juice*

ovocné knedlíky *fruit dumplings*

ovocný čaj *fruit tea*

ovocný dort *fruit cake*

ovocný koláč *fruit cake slice*

ovocný salát *fruit salad*

P

palačinky *pancakes filled with curd mixture of jam or ice cream*

palačinky s masem *pancakes with meat filling*

palačinky s ovocem *pancakes with fruit*

palačinký se zavařeninou *pancakes with preserves*

palačinky se zmrzlinou *pancakes with ice cream*

pálivá paprika *chilli*

panák *a glass of strong spirits ; a shot*

paprika *peppers*

paprikový salát *green pepper salad*

para ořechy *brazil nuts*

párátko *toothpick*

párek *sausage/frankfurter*

párek v rohlíku *hot dog (served in a roll)*

parenica *a mild Slovakian string cheese made of sheeps' milk*

paštika z husích jater *fois de gras*

paštiky *pâté*

pašitka *chives*

pečená játra (s mandlemi) *roasted liver (with almonds)*

pečenáč *fried herring (eaten cold)*

pečený, pečená, pečené *baked, roasted*

pečivo *baked goods*

pepř *pepper (spice)*

perlivá voda *sparkling water*

perník *gingerbread*

petržel *parsley*

pistácie *pistachio nuts*

pivní klobása *beer sausage*

pivní sýr *pungent cheese served on a plate with onions, mustard and other condiments, mixed together with beer to form a spread*

pivo *beer*

platýz *plaice*

plíce, plíčky *lungs*

plísňový sýr *blue cheese*

plněný paprikový lusk *peppers filled with mince*

plněný, plněná, plněné *stuffed/filled*

pochoutkový salát *a mayonnaise-based salad with salami and pickled vegetables*

polévky *soups*

polosuché *medium-dry*

pomazánka *spread*

pomeranč *orange*

pór, pórek *leek*

pórková polévka *leek soup*

pražská šunka *Prague ham*

předkrmy *starters, appetisers*

přílohy *side orders/extras*

přírodní řízek *cutlet*
pstruh *trout*
pstruh na másle *grilled trout with herb butter*

R

rajčatový džus *tomato juice*
rajská jablka/rajčata *tomatoes*
rajská omáčka *tomato sauce*
rajská polévka *tomato soup*
rajský salát, tomatový salát, rajčatový salát *tomato salad*
rebarbora *rhubarb*
rizoto *risotto*
rohlík *roll*
roštěná *entrecôte*
rozinky *raisins*
ruské vejce *egg mayonnaise*
růžičková kapusta *Brussels sprouts*
růžové víno *rosé wine*
rybí filé *fish fillet*
rybí polévka *fish soup*
rybí salát *fish salad*
rybíz *redcurrant*
ryby *fish*
rychlé občerstevní *snack*
ryzlink *Riesling wine*
rýže *rice*
rýžová kaše *rice purée (sweet)*
ředkvičky *radishes*
řezané pivo *black and tan beer*
řízek *escalope/schnitzel served mostly with potatoes*

S

s houbami *with mushrooms*
s tvarohem *with curd cheese*
s koprovou omáčkou *with dill sauce*
sachr dort *rich chocolate cake*
salám *salami*
salát *salad*
salátová okurka *cucumber*
saláty *salads*
sardinky *sardines*
sázené vejce *fried egg*
segedínský guláš *pork goulash with sauerkraut in cream sauce*
sekaná *meatloaf*
sekt *sparkling wine like champagne*
sele *suckling pig*
sezam *sesame*
skopové *mutton*
skořice *cinnamon*
sladká paprika *sweet peppers*

sladkokyselý *sweet-and-sour*

sladký *sweet*

slámové víno *sweet dessert wine*

slanina *bacon*

slanina s vejci *bacon and eggs*

sleď *herring*

sleď v marinádě *herring in mayonnaise sauce*

slepice na paprice *chicken paprika*

slepičí polévka *chicken consommé*

slepičí vývar s nudlemi *chicken broth with vermicelli*

slivovice *plum brandy*

slunečnicový chléb *wholemeal bread with sunflower seeds*

smažená husí játra *fried goose liver*

smažená vejce *fried eggs*

smažené karbanátky *fried burgers*

smažené rybí filé *fried fish fillet*

smažené žampiony *fried mushrooms*

smaženice *scrambled eggs with wild mushrooms and caraway seeds*

smažený hermelín *fried camembert-type cheese*

smažený květák *fried breaded cauliflower*

smažený sýr *fried cheese (usually Edam)*

smažený vepřový řízek *breaded veal cutlet*

smažený, smažená, smažené *fried*

smetana *cream*

smetanový syr *cream cheese*

snídaně *breakfast*

srdce *heart*

srnčí *venison*

srnčí hřbet na víně *saddle of venison braised with wine*

sterilované zelí *pickled cabbage (not as sour as sauerkraut)*

strouhanka *breadcrumbs*

střik *spritzer*

studený nářez *cold meat plate*

studený, studená, studené *cold*

sůl *salt*

sulc *meat in aspic*

sultánky *sultanas*

sumec *catfish*

sušené ovoce *dried fruit*

sušené švestky *prunes*

sušenky/keksy *biscuits*

svařené víno, svařák *mulled wine*

světlé pivo *light beer*

svíčková na smetaně *roast sirloin of beef in cream sauce*

svítek *baked pancake*

syrečky *beer cheese*

sýr *cheese*

sýrový talíř *cheese platter with various cheeses*

šafrán *saffron*

šalotka *shallot*

šalvěj *sage*

šašlik *shish kebab*

škubánky *potato dumplings usually served with poppy seeds, melted butter and sugar*

škvarky *diced bacon*

šlehačka *whipped cream*

šnek *snail*

šopský salát *tomato, pepper and cucumber salad with feta-style cheese*

špagety *spaghetti*

špek *streaky bacon*

špekáček *a plump sausage, usually grilled or roasted over an open fire*

špenát *spinach*

špíz *on a spit*

štika *pike*

šumavská topinka *fried bread with eggs and grated cheese*

šunka *ham*

šunka od kosti *sliced ham*

šunka s vejci *ham and eggs*

šunková rolka *ham roll usually with a creamy filling*

švestkový koláč *damson tart*

švestkový koláček *plum pie*

švestky *plums*

švestové knedlíky *plum dumplings*

T

tatarský biftek *beef tartar*

tavený syr *cheese spread*

telecí *veal*

telecí kotlet *veal cutlet*

telecí řízek *veal escalope*

teplý, teplá, teplé *warm*

těstoviny *pasta*

tetřev *grouse*

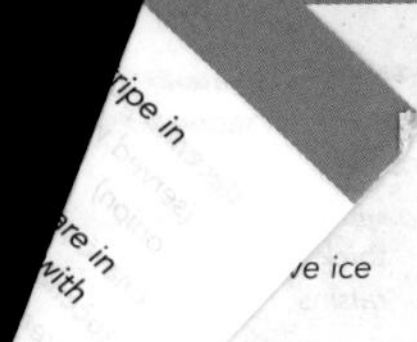

...ve ice

...d usually
...esh garlic

...od
...čky se šlehačkou puff
pastry cream horns

třešně *cherries*

tuk *fat*

tuňák *tuna fish*

turecká káva *Turkish coffee*

tuřín *turnips*

tvaroh *curd cheese*

tvarohové knedlíky *curd cheese dumplings*

tvarohový koláč *cheesecake*

tykev *pumpkin*

tymián *thyme*

U

ubrousek *napkin*

uherský salám *Hungarian salami*

úhoř *eel*

umělé sladidlo *sweetener*

ústřice *oysters*

utopence *pickled sausage with onions*

uzená šunka *smoked ham*

uzeniny *cold cuts*

uzený jazyk *smoked tongue*

uzený sýr *smoked cheese*

uzený, uzená, uzené *smoked*

V

vaječná jídla *egg dishes*

valašská kyselica *(Wallachian) sauerkraut soup*

vanilka *vanilla*

vařené brambory *boiled potatoes*

vařený, vařená, vařené *boiled*

vdolky *fried doughnut-like bun topped with plum butter and cottage cheese or whipped cream*

vejce do skla *soft boiled eggs served in a glass*

vejce na měkko *soft-boiled eggs*

vejce na tvrdo *hard-boiled eggs*

vepřová kotleta *pork chop*

vepřová krkovice *neck of pork*

vepřová pečeně *roast pork*
vepřové *pork*
vepřové droby *black pudding*
vepřové žebírko *stewed rib of pork*
vepřový guláš *pork goulash*
vepřový řízek *breaded pork steak*
vídeňská káva *Viennese coffee (coffee with whipped cream)*
vídeňská roštěná *entrecôte with onion*
vídeňský řízek *Wienerschnitzel cutlet*
vinny lístek *wine list*
vinný střik *wine spritzer*
víno *wine*
vínovice *brandy*
višně *morello cherries*
vlašské ořechy *walnuts*
voda *water*
volské oko *fried egg*
vývar *clear soup*

Z

zabijačková polévka *a rich pork soup flavoured with garlic and marjoram*
zadělávané dršťky *t white sauce*
zajíc *hare*
zajíc na černo *stewed h thick dark sweet sauce raisins*
zajíc na divoko *hare cooke with onion, herbs and vegetables in red wine*
zákusek *cake/pastry*
zapečené fleky se zelím *pasta baked with cabbage*
zapečené těstoviny *pasta with cheese*
zapékané nudle *noodles baked with egg and cheese*
zavináče *rollmop*
zázvor *ginger*
zelené fazolky *green beans*
zelenina *vegetables*
zeleninová polévka *vegetable soup*
zeleninové rizoto *vegetable risotto*
zeleninový talíř *mixed vegetables*
zelený čaj *green tea*
zelí *cabbage*
zelná polévka (s klobásou) *cabbage soup (with smoked sausage)*

zelňačka *cabbage soup*

zmrzlina *ice cream*

zmrzlinový pohár *ice cream sundae*

znojemská pečeně *slices of roast beef in a gherkin sauce*

znojemská roštěná *fried sirloin stewed with onions*

ztracená vejce *poached eggs*

zvěřina *game*

zvěřinový guláš *game stew*

žampióny *mushrooms*

živáňská *casserole of pork and potatoes baked in the oven*

A

a(n) *see* GRAMMAR
about o ; okolo
what's it about? o čem to je?
about 7 o'clock asi sedm hodin
above nad
accelerator plyn
to accept přijmout
do you accept credit cards? přijímáte platební karty?
accident nehoda
accommodation ubytování
accountant *m/f* účetní
I'm an accountant jsem účetní
ache: *it aches* bolí to
adaptor *(electrical)* adaptér
address adresa
what's your address? jaká je vaše adresa?
here's my address to je moje adresa
what's the address? jakou má adresu?
address book adresář
adhesive tape izolepa
admission charge vstupné
adult dospělý(-á/-é)
advance: *do I pay in advance?* platí se předem?
advertisement reklama
aeroplane letadlo
after po
after 4 o'clock po čtvrté hodině
after dinner po večeři
afternoon odpoledne
this afternoon toto odpoledne
in the afternoon odpoledne
tomorrow afternoon zítra odpoledne
again znovu
age věk
my age můj věk
agent *m/f* zástupce (zástupkyně)

ago před
2 days ago před dvěma dny
3 hours ago před třemi hodinami
how long ago? před jakou dobou?
ahead: *straight ahead* rovně
AIDS AIDS
air conditioning klimatizace
is there air conditioning? je tam klimatizace?
air hostess letuška
airline letecká společnost
airmail letecky
air mattress nafukovací matrace
airplane letadlo
airport letiště
to the airport, please na letiště, prosím
alarm alarm
fire alarm požární alarm
smoke alarm alarm reagující na kouř
alarm call *(by phone)* budíček po telefonu
can I have an alarm call? můžete mě vzbudit telefonem?
alarm clock budík
alcohol alkohol
without alcohol bez alkoholu
alcoholic wine must burčak
all *(everybody)* všichni
(everything) všechno
allergic to alergický(-á/é) na
I'm allergic to feathers jsem alergický na peří
I'm allergic to penicillin jsem alergický na penicilín
all right v pořádku
are you all right? jste v pořádku?
I'm all right jsem v pořádku
almonds mandle
also taky
always vždy
am: *I am* jsem ; *see* GRAMMAR
ambulance sanitka
please call an ambulance zavolejte sanitku, prosím

A

America Amerika
I'm from America jsem z Ameriky
we're from America jsme z Ameriky
American *adj* americký(-á/-é)
(person) *(m/f)* Američan(ka)
amount množství
anaesthetic anestetikum
and a
angry rozzlobený(-á/-é)
I'm angry zlobím se
ankle kotník
another: *another beer* ještě jedno pivo
another coffee ještě jednu kávu
answer *n* odpověď
there's no answer (phone) nikdo to nebere
to answer odpovídat
answering machine záznamník
antibiotics antibiotika
I'm on antibiotics beru antibiotika
I need antibiotics potřebuji antibiotika
antifreeze nemrznoucí směs
antiques starožitnosti
antiseptic dezinfekce
ants mravenci
any *(some)* nějaký(-á/-é)
apartment byt
apples jablka
apple must mošt
appointment schůzka
I have an appointment mám schůzku
do I need an appointment? musím se objednat?
apricots meruňky
are *see* GRAMMAR
arm paže
my arm hurts bolí mě paže
to arrest zatknout
he has been arrested byl zatčen

arrivals *(airport)* přílety
(train, bus, tram) příjezdy
to arrive *(plane)* přiletět
(train, bus, tram) přijet
when does it arrive? (plane) kdy přiletí?
when does it arrive? (train, etc) kdy přijede?
art gallery galerie
arthritis artritida
I've got arthritis mám artritidu
he/she has arthritis má artritidu
artichokes artyčoky
article předmět
artist *m/f* umělec (umělkyně)
ashtray popelník
asparagus chřest
aspirin aspirin
I need some aspirin potřebuji aspirin
have you any aspirin? máte aspirin?
asthma astma
I get asthma dostávám astma
it gives me asthma dostávám z toho astma
he/she has asthma má astma
at v ; *see* GRAMMAR
at home doma
at the hotel v hotelu
at once najednou
to attack napadnout
I've been attacked byl(a) jsem napaden(a)
he/she has been attacked byl(a) napaden(a)
attack *n* útok
heart attack infarkt
panic attack panické zděšení
attorney *n* advokát(ka)
attractive *(person)* atraktivní
aubergine lilek
August srpen
aunt teta
my aunt moje teta

A

Australia Austrálie
I'm from Australia jsem z Austrálie
we're from Australia jsme z Austrálie
automatic car auto s automatickou převodovkou
autumn podzim
in autumn na podzim
away: *go away!* běžte pryč!
awful: *it's awful!* je to strašné!

B

baby nemluvně
baby food potrava pro nemluvňata
baby-sitter baby-sitter
bachelor starý mládenec
back *(of body)* záda
back: *when will he/she be back?* kdy bude zpátky?
he/she is back je zpátky
backache bolest zad
backpack ruksak
bacon slanina
bad *(meat, fruit, etc)* zkažené
bag taška
handbag taška ; kabelka
bumbag ledvinka
baggage zavazadla
baggage reclaim výdej zavazadel
bait *(for fishing)* návnada
baker's pekařství
bald *(person)* plešatý(-á/-é)
ball míč
banana banán
band *(musical)* skupina
band-aid® leukoplast
bandage obvaz
bank banka
bank account bankovní konto

bar bar
is there a bar? je tam bar?
where is the bar? kde je bar?
barber's holičství
basket koš
bath koupel
bathing cap koupací čepice
bathroom koupelna
where is the bathroom? kde je koupelna?
with bathroom s koupelnou
battery baterie
the battery is flat baterie je vybitá
I need batteries for this potřebuji do toho baterie
be *see* GRAMMAR
beans fazole
beautiful krásný(-á/-é)
bed postel
double bed manželská postel
single bed postel pro jednu osobu
bedlinen povlečení
I need more bedlinen potřebuji další povlečení
the bedlinen is dirty povlečení je špinavé
bedroom ložnice
bee včela
beef hovězí
beer pivo
a glass of beer, please jedno pivo, prosím
a bottle of beer, please láhev piva, prosím
beetroot řepa
before před
before 4 o'clock před čtvrtou
before dinner před večeří
to begin začít
when does it begin? kdy to začíná?
behind za
to believe věřit
I don't believe you nevěřím vám

bell *(door)* zvonek
below pod
belt pásek
money belt bezpečnostní pásek na peníze
seat belt bezpečnostní pás
beside *(next to)* vedle
best nejlepší
better (than) lepší (než)
bicycle kolo
I'd like to hire a bicycle chtěl(a) bych si půjčit kolo
we'd like to hire bicycles chtěli bychom si půjčit kola
big velký(-á/-é)
bigger větší
biggest největší
bill účet
the bill, please účet, prosím
bin *(for rubbish)* odpadkový koš
binoculars dalekohled
bird pták
birthday narozeniny
happy birthday všechno nejlepší k narozeninám
birthday card přání k narozeninám
biscuits sušenky
bit: *a bit* trochu
bite *n (insect)* bodnutí
(dog) kousnutí
bitter *(taste)* hořký(-á/-é)
black černý(-á/-é)
blackcurrant černý rybíz
blanket deka
I need an extra blanket potřebuji další deku
blind *adj (person)* slepý(-á/-é)
blinds *(for window)* rolety
blister puchýř
blocked ucpaný(-á/-é)
the sink is blocked dřez je ucpaný
the drain is blocked kanál je ucpaný

blood krev
blood group krevní skupina
blood poisoning otrava krve
blue modrý(-á/-é)
boarding card palubní lístek
boarding-house penzion
boat *(big)* loď
(small) člun
boat trip výlet lodí
is there a boat trip? pořádá se výlet lodí?
when is the boat trip? kdy je výlet lodí?
how much is the boat trip? kolik stojí výlet lodí?
boiled *(food)* uvařený(-á/-é)
I need boiled water potřebuji převařenou vodu
bone kost
is the bone broken? je ta kost zlomená?
book *n* kniha
guidebook průvodce
to book zamluvit si
I've booked zamluvil(a) jsem si
booking office pokladna
bookshop knihkupectví
boots boty
border *(of country)* hranice
boring: *it's boring* je to nudné
both oba
bottle láhev
a bottle of water láhev vody
a bottle of wine láhev vína
a hot-water bottle termofor
bottle-opener otvírák na láhve
box krabice
box office pokladna
boy chlapec
boyfriend přítel
my boyfriend můj přítel
bra podprsenka

bracelet náramek
brake fluid brzdová kapalina
brakes brzdy
the brakes don't work brzdy nefungují
brandy brandy ; koňak
bread chleba
do you sell bread? prodáváte chleba?
some bread, please chleba, prosím
to break rozbít
breakable rozbitný(-á/-é)
breakdown *(car)* porucha
breakfast snídaně
what is there for breakfast? co je k snídani?
what time is breakfast? v kolik hodin je snídaně?
breast *(chicken)* prsíčka
to breathe dýchat
I can't breathe nemohu dýchat
brewery pivovar
bridge *(road, etc)* most
briefcase kufřík ; aktovka
to bring přinést
what should I bring? co mám přinést?
Britain Británie
I'm from Britain jsem z Británie
we're from Britain jsme z Británie
it's made in Britain je to vyrobené v Británii
postcards to Britain pohledy do Británie
British *adj* britský(-á/-é)
brochure brožura
broken rozbité
broken: *it's broken* je to rozbité
broken down rozbilo se
the car's broken down auto se rozbilo
brother bratr
my brother můj bratr

brown hnědý(-á/-é)
brush kartáč
hairbrush kartáč na vlasy
paintbrush štětec
bucket kbelík
buffet car jídelní vůz
bulb *(light)* žárovka
bureau de change směnárna
burglary vloupání
there's been a burglary došlo k vloupání
burn *n* popálenina
to burn spálit
I've burned my hand spálil jsem si ruku
burnt: *it's burnt* je to spálené
bus autobus
can I go by bus? mohu jet autobusem?
can we go by bus? můžeme jet autobusem?
the bus to the centre autobus do centra
bus station autobusové nádraží
where is the bus station? kde je autobusové nádraží?
bus stop autobusová zastávka
bus tour zájezd autobusem
busy rušný(-á/-é)
I'm busy mám moc práce
will it be busy? bude tam velký provoz?
busy intersection rušna křižovatka
butcher's řeznictví
butter máslo
button knoflík
to buy koupit
where can I buy milk? kde mohu koupit mléko?
where can I buy bread? kde mohu koupit chleba?
can I buy this? mohu si to koupit?
by: *by bus* autobusem
by taxi taxíkem
by train vlakem
by car autem

C

cabbage zelí
cabbage in wine zelí dušené na víně
café kavárna
cake zákusek ; koláč ; dort
calculator kalkulačka
calendar kalendář
to call *(on phone)* telefonovat
call *n (phone)* telefonický hovor
a long-distance call meziměstský hovor
a local call místní hovor
an international call mezinárodní hovor
camcorder videokamera
camera fotoaparát
camp site kemp
where is the camp site? kde je kemp?
can: *can I...?* mohu...?
can we...? můžeme...?
can *n* konzerva ; plechovka
a can of peaches konzerva broskví
a can of oil (for car) plechovka oleje
Canada Kanada
Canadian Kanadský(-á/-é)
I'm from Canada jsem z Kanady
we're from Canada jsme z Kanady
It's from Canada Je to z Kanady
to cancel zrušit
I want to cancel my booking chci zrušit rezervaci
candle svíčka
canoe kánoe
can-opener otvírák na konzervy
car auto
car park parkoviště
car seat (for child) dětská autosedačka
car wash myčka aut
carafe karafa
a carafe of red wine karafa červeného vína
a carafe of white wine karafa bílého vína

caramel karamela
caravan karavan
card *(greetings)* pohled
(playing) karty
credit card kreditní karta
carpet *(rug)* koberec
carriage *(of train)* železniční vagón
carrots mrkve
to carry nosit
cash *n* hotovost
to cash proplatit
cash desk pokladna
cassette kazeta
do you have it on cassette? máte to na kazetě?
cassette player kazetový magnetofon
castle hrad
cat kočka
to catch *(bus, train, etc)* stihnout
cave jeskyně
CD kompaktní disk
have you it on CD? máte to na kompaktním disku?
CD player CD přehrávač
cemetery hřbitov
centimetre centimetr
central centrální
centre střed
town centre střed města
century století
14th century čtrnácté století
20th century dvacáté století
which century? v jakém století?
certificate potvrzení
chain *(jewellery)* řetízek
chair židle
champagne šampaňské
change *n (loose coins)* drobné
where's my change? kde jsou drobné?
keep the change nechte si drobné

to change vyměnit
where can I change money? kde si mohu vyměnit peníze?
changing-room šatna
where is the changing-room? kde je šatna?
charge *(fee)* poplatek
cheap levný(-á/-é)
cheaper levnější
have you anything cheaper? máte něco levnějšího?
cheapest nejlevnější
I want the cheapest chci to nejlevnější
to check in *(at hotel)* ubytovat se
check-in desk *(at hotel)* recepce
cheers! na zdraví!
cheese sýr
do you sell cheese? prodáváte sýry?
what cheese do you have? jaké sýry máte?
chemist *(pharmacy)* lékárna
(for cosmetics) drogerie
where the chemist's? kde je lékárna/drogerie?
cheque šek
traveller's cheques cestovní šeky
cheque book šeková knížka
cheque card šeková karta
cherries třešně
chest *(of body)* hruď
chestnuts kaštany
chewing-gum žvýkačka
chicken kuře
chickenpox plané neštovice
child dítě
my child moje dítě
children děti
my children moje děti
chilli chilli
chips hranolky

chocolate čokoláda
hot chocolate horká čokoláda
milk chocolate mléčná čokoláda
dark chocolate hořká čokoláda
chocolates čokolády
choose: *can I choose?* mohu si vybrat?
you choose vyberte to vy
chop *(meat)* kotleta
Christmas Vánoce
Merry Christmas! veselé Vánoce!
church kostel
Protestant church protestantský kostel
Catholic church cirkev
cigar doutník
cigarettes cigarety
a packet of cigarettes balíček cigaret
cinema kino
where is the cinema? kde je kino?
what's on at the cinema? co se hraje v kině?
circus cirkus
city město
city centre střed města
clean *adj* čistý(-á/-é)
it's not clean to není čisté
please bring a clean knife přineste mi, prosím, čistý nůž
please bring a clean glass přineste mi, prosím, čistou sklenici
please bring a clean towel přineste mi, prosím, čistý ručník
to clean vyčistit ; uklidit
please clean... prosím, vyčistěte...
please clean the bath prosím, vyčistěte tu vanu
please clean my room prosím, uklidte můj pokoj
climbing: *to go climbing* jít lézt
cloakroom šatna
where is the cloakroom? kde je šatna?
is there a cloakroom? je tady šatna?

clock hodiny
to close zavírat
when does it close? kdy se zavírá?
closed zavřený(-á/-é)
is it closed? je to zavřené?
cloth *(fabric)* látka
clothes oblečení
clothes peg kolíček na prádlo
clove *(spice)* hřebíček
club *(sports, social)* klub
coach autobus
coach trip výlet autobusem
coat kabát
coat hanger ramínko
I need more coat hangers potřebuji více ramínek
Coca-Cola® Coca-Cola
cocoa kakao
coconut kokosový ořech
coffee káva
white coffee bílá káva
black coffee černá káva
iced coffee ledová káva
coin mince
does it take coins? je to na mince?
which coins? jaké mince?
Coke®; cola kola
colander cedník
cold *i.e. illness* nachlazení
cold *n* rýma
I have a cold mám rýmu
cold *adj* studený(-á/-é)
I'm cold je mi zima
it's cold (weather) je zima
it's cold (food, room, etc) je studený
colour barva
a different colour jiná barva
coloured; in colour; colourful barevný(-á/-é)
a different colour jiná barva

comb hřeben
to come *(arrive)* přijít
come in! vstupte!
comfortable pohodlný(-á/-é)
the bed is not comfortable ta postel není pohodlná
company *(business)* společnost
compartment *(on train)* kupé
complaint stížnost
I want to make a complaint chci si stěžovat
computer počítač
concert koncert
classical concert koncert vážné hudby
pop concert koncert populární hudby
concussion otřes m ozku
conditioner *(for hair)* kondicionér
condoms kondomy
a packet of condoms balíček kondomů
where can I buy condoms? kde si mohu koupit kondomy?
conductor *(bus, etc)* průvodčí
conference konference
to confirm potvrdit
I want to confirm my booking chci potvrdit rezervaci
please confirm in writing prosím, potvrďte písemně
congratulations! blahopřeji!
connection *(train, plane)* spojení
I missed my connection zmeškal(a) jsem spojení
is there a connection? je tam spojení?
constipated: *I'm constipated* mám zácpu
he/she is constipated má zácpu
consulate konzulát
British consulate britský konzulát
American consulate americký konzulát
contact lens kontaktní čočka
contact lens cleaner prostředek na čištění kontaktních čoček
contraceptives antikoncepce

to cook vařit
cooker sporák
cool box *(for picnics)* přenosná lednička
copper měď
copy *n* kopie
  I need a copy of this potřebuji kopii
to copy *(photocopy)* kopírovat
coriander koriandr
corkscrew vývrtka
  I need a corkscrew potřebuji vývrtku
corner *(of street)* roh
cot dětská postýlka
to cost stát
  how much does it cost? kolik to stojí?
cotton bavlna
  is it cotton? je to bavlna?
cotton wool vata
couchette lehátko ve vlaku
couchette car lehátkový vůz
to cough kašlat
cough sweets bonbóny proti kašli
country země
  what country are you from? ze které jste země?
countryside venkov
couple *(two people)* pár
course *(of meal)* chod
cow kráva
crash náraz
  there's been a crash došlo k nárazu
crash helmet ochranná přilba
cream *(for face, etc)* krém
  (on milk) smetana
credit card kreditní karta
  I've lost my credit card ztratil(a) jsem kreditní kartu
crisps brambůrky
cross-country skis běžky
crowded: *will it be crowded?* bude tam plno?

cruise *n* výletní loď
to cry *(weep)* plakat
cucumber okurka
cup šálek
cupboard skříň
currant rybíz
current proud
curtains záclony
cushion polštář
customs control celní kontrola
cut *n* řez
to cut řezat
he's cut himself pořezal se
cutlery jídelní př íbor
to cycle jezdit na kole

D

damage *n* škoda
this is damaged je to poškozeno
dance *n* tanec
to dance tancovat
would you like to dance? chcete si zatancovat?
where can we go dancing? kam si můžeme jít zatancovat?
danger nebezpečí
dangerous nebezpečný(-á/-é)
is it dangerous? je to nebezpečné?
dark tmavý(-á/-é)
when does it get dark? kdy se stmívá?
date *(day)* datum
what is the date? kolikátého je?
date of birth datum narození
dates *(fruit)* datle
daughter dcera
my daughter moje dcera
dawn svítání

D

day den
which day? který den?
deaf hluchý(-á/-é)
I'm deaf jsem hluchý
she's deaf je hluchá
decaffeinated coffee káva bez kofeinu
have you decaff? máte kávu bez kofeinu?
December prosinec
deck chair lehátko
to declare proclít
to declare; to clear customs proclít
nothing to declare nic k proclení
nothing to declare nic k proclení
I want to declare this chci to proclít
deep hluboký(-á/-é)
is the water deep? je ta voda hluboká?
to defrost rozmrazit
delay *n* zpoždění
is there a delay? má to zpoždění?
what's the delay? jaké to má zpoždění?
delicatessen lahůdky
delicious: *this is delicious!* je to výborné!
dentist *(m/f)* zubař(ka)
I need to see a dentist potřebuji jít k zubaři
dentures protézy
my dentures are broken moje protéza je rozbitá
deodorant dezodorant
department store obchodní dům
departures odjezdy
deposit záloha
is there a deposit? platí se záloha?
how much is the deposit? kolik je záloha?
dessert zákusek
detergent saponát
to develop vyvolat
can you develop these photos? můžete vyvolat tyto fotky?

diabetic diabetik (diabetička)
I'm diabetic jsem diabetik
she's diabetic je diabetička
dialling code předčíslí ; volačka
dialling code for Britain předčíslí do Británie
diamond diamant
diarrhoea průjem
I need something for diarrhoea potřebuji něco proti průjmu
diary deník ; diář
dictionary slovník
do you have a dictionary? máte slovník?
diesel nafta
where can I get diesel? kde se dá koupit nafta?
diet dieta
I'm on a diet mám dietu
different jiný(-á/-é)
difficult: *it's difficult* je to těžké
dining room jídelna
dinner večeře
when is dinner? kdy je večeře?
direct: *is it a direct train?* je to přímý vlak?
can I dial direct? mohu volat přímo?
direction režie
director (i.e. film, theatre) režiser
directory *(telephone)* telefonní seznam
have you a directory? máte telefonní seznam?
directory enquiries informace o telefonních číslech
dirty špinavý(-á/-é)
this is dirty je to špinavé
disabled *(person)* zdravotně postižený(-á)
disco diskotéka
is there a disco? je tam diskotéka?
where is the disco? kde je diskotéka?
discount sleva
is there a discount? je nějaká sleva?
a discount for children dětská sleva
a student discount studentská sleva
a discount for senior citizens sleva pro důchodce

disease nemoc
dish: *what's in this dish?* co je to za jídlo?
dishwasher myčka na nádobí
disinfectant dezinfekční prostředek
have you any disinfectant? máte dezinfekční prostředek?
distilled water destilovaná voda
diversion objížďka
divorced *(m/f)* rozvedený(-á)
I'm divorced jsem rozvedený
are you divorced? jste rozvedený(-á)?
dizzy: *I feel dizzy* mám závrať
doctor *(m/f)* doktor(ka)
I need a doctor potřebuji doktora
I'm a doctor jsem doktor(ka)
documents doklady
where are the documents? kde jsou doklady?
dog pes
doll panenka
dollar dolar
10 dollars deset dolarů
door dveře
double bed dvoulůžko
we want a double bed chceme dvoulůžko
double room pokoj pro dvě osoby
downstairs dole
drain odpad
the drain's blocked odpad je ucpaný
draught: *there's a draught* je tu průvan
drawer zásuvka
dress *n* šaty
dressing *(for food)* zálivka
drink *n* pití
I want a cold drink chci studené pití
to drink pít
what would you like to drink? co chcete k pití?
drinking water pitná voda

to drive řídit
I don't drive neřídím
he/she will drive on/ona bude řídit
driver *(m/f)* řidič (řidička)
driving licence řidičský průkaz
my driving licence můj řidičský průkaz
to drown utopit
drunk opilý(-á/-é)
I'm drunk jsem opilý
she's drunk je opilá
drug lék
to dry usušit
dry-clean vyčistit
dry-cleaner's čistírna
duck kachna
dummy *(for baby)* dudlík
dust *n* prach
duty-free shop duty-free obchod
duvet peřina
dynamo dynamo

E

ear ucho
earache bolest ucha
I have earache bolí mě ucho
early brzo
earrings naušnice
earthquake zemětřesení
east východ
Easter Velikonoce
Easter carolling whip velikonoční pomlázka
easy snadný(-á/-é)
is it easy? je to snadné?
it's easy to je snadné
to eat jíst
I don't eat meat nejím maso

egg vejce
fried egg smažené vejce
hard-boiled egg vejce na tvrdo
scrambled eggs míchaná vejce
elastic band elastická guma
electric elektrický(-á/-é)
electric razor elektrický holicí strojek
electrician elektrikář
electricity meter elektroměr
e-mail address e-mailová adresa
embassy velvyslanectví
British embassy britské velvyslanectví
American embassy americké velvyslanectví
emergency naléhavá situace
it's an emergency je to naléhavá situace
empty: *it's empty* je to prázdné
end: *when does it end?* kdy se končí?
engaged *(to be married)* zasnoubený(-á/-é)
(busy, occupied) obsazený(-á/-é)
(phone, etc.); **full; occupied** obsazeno
I'm engaged (female) jsem zasnoubená
it's engaged (phone, toilet) je obsazeno
engine motor
the engine doesn't work motor nefunguje
England Anglie
I'm from England jsem z Anglie
we're from England jsme z Anglie
postcards to England pohledy do Anglie
English *(person) (m/f)* Angličan(ka)
adj anglický(-á/-é)
do you speak English? mluvíte anglický?
enjoy: *to enjoy oneself; to have a good time* bavit se
I enjoy swimming rád(a) plavu
I enjoy playing tennis rád(a) hraji tenis
enough: *that's enough* to je dost ; to stačí
it's not enough to není dost
enquiry desk informace
entertainment zábava

entrance vchod
where's the entrance? kde je vchod?
entrance fee vstupné
how much is the entrance fee? kolik stojí vstupné?
envelope obálka
I need an envelope potřebuji obálku
epileptic epileptický(-á/-é)
she is epileptic je epileptičká
escalator eskalátor
escape: *fire escape* úniková cesta v případě požáru
Europe Evropa
eve předvečer
Christmas Eve Štědrý den
evening večer
in the evening večer
this evening dnes večer
tomorrow evening zítra večer
evening meal večeře
every každý(-á/-é)
every day každý den
every Saturday každou sobotu
every year každý rok
everyone každý(-á/-é)
everything všechno
excellent vynikající
excess luggage zavazadlo nad váhu
exchange rate kurs
what is the exchange rate? jaký je kurs?
exciting vzrušující
excursion výlet
is there an excursion to...? koná se výlet do...?
excuse me! promiňte!
exhaust pipe výfuk
exhibition výstava
exhibition grounds výstaviště
exit východ
where's the exit? kde je východ?
emergency exit nouzový východ

expensive drahý(-á/-é)
it's too expensive to je příliš drahé
it's very expensive to je velmi drahé
to expire *(ticket, etc)* pozbýt platnosti
when does it expire? kdy to pozbývá platnosti?
it's expired pozbylo to platnosti
to explain vysvětlit
please explain vysvětlete to, prosím
express train rychlík
eye oko
I have an eye infection mám oční zánět

F

face obličej
factory továrna
I work in a factory pracuji v továrně
to faint omdlít
he(she) has fainted omdlel(a)
fair *(hair)* světlý(-á/-é)
fake: *this is a fake* tohle je napodobenina
to fall padat
he(she) has fallen spadl(a)
family rodina
my family moje rodina
I have a large family mám velkou rodinu
I have a small family mám malou rodinu
famous slavný(-á/-é)
fan *(hand-held)* vějíř
(electric) ventilátor
(supporter) (m/f) fanoušek (fanynka)
fan belt řemen větráku
far daleko
is it far? je to daleko?
fare *(train, bus, etc)* jízdné
how much is the fare? kolik stojí jízdné?
farm statek
farmer zemědělec
I'm a farmer jsem zemědělec

fast rychle
too fast příliš rychle
fast/express train rychlík
fat *adj* tlustý(-á/-é)
father otec
my father můj otec
father-in-law tchán
fault *(defect)* vada
it's not my fault to není moje chyba
favourite oblíbený(-á/-é)
fax fax
feathers peří
I'm allergic to feathers jsem alergický(-á) na peří
February únor
feed: *I have to feed my baby* musím nakrmit dítě
to feel cítit
I feel sick je mi špatně
I feel ill cítím se nemocný(-á)
I feel tired cítím se unavený(-á)
ferry trajekt
festival festival
to fetch přinést
I have to fetch my suitcase musím přinést svůj kufr
few málo
a few několik
fiancé snoubenec
fiancée snoubenka
fifth pátý(-á/-é)
figs fíky
file *(nail)* pilník
to fill *(up)* naplnit
fill it up! naplň to!
fillet *(steak)* fillé
film film
filter filtr
oil filter olejový filtr

to find najít
I can't find... nemohu najít...
I can't find my passport nemohu najít pas
I can't find my purse nemohu najít peněženku
fine *n (to be paid)* pokuta
fine *adj (weather)* pěkný(-á/-é)
to finish končit
when does it finish? kdy to skončí?
fire oheň
there's a fire! hoří!
fire alarm požární alarm
fire brigade požární sbor
fire extinguisher hasicí přístroj
fireworks ohňostroj
first první
first aid první pomoc
first class první třída
a first class ticket jízdenka první třídy
first floor první poschodí
on the first floor v prvním poschodí
first name křestní jméno
my first name is Ian jmenuji se Ian
fish *n* ryba
do you have fish? máte ryby?
I like fish mám rád(a) ryby
I don't like fish nemám rád(a) ryby
to fish chytat ryby
fishing-rod rybářský prut
fit: *it doesn't fit me* nesedí mi to
to fix opravit
can you fix it? můžete to opravit?
fizzy: *is it fizzy?* je to perlivé?
flag vlajka
flash *(for camera)* blesk
did it flash? byl tam blesk?
does it need a flash? mám použít blesk?
flask termoska
flat *n (apartment)* byt

flat *adj* plochý(-á/-é)
(beer) zvětralé
flat tyre prázdná pneumatika
I have a flat tyre mám prázdnou pneumatiku
fleas blechy
flight let
my flight is at … o'clock letím v … hodin
flippers ploutve
flood povodeň
floor poschod ; podlaha
first floor první poschodí
ground floor přízemí (P)
second floor druhé poschodí
flour mouka
flowers květiny
flu chřipka
I've got flu mám chřipku
he/she has flu má chřipku
fly *n* moucha
to fly letět
I'm flying tomorrow zítra odlétám
I'm flying with BA letím BA
fog mlha
foil *(silver)* alobal
to follow sledovat
that man is following me ten muž mě sleduje
food jídlo
food poisoning otrava jídlem
I've got food poisoning mám otravu jídlem
he/she has food poisoning má otravu jídlem
foot noha
my foot hurts bolí mě noha
football *(game)* fotbal ; kopaná
for pro
for me pro mě
for you pro vás
for him/her pro něj/ni
for us pro nás
foreign cizí

forecast *(weather)* předpověď počasí
is the forecast good? je předpověď počasí dobrá?
forest les
forever navždy
to forget zapomenout
I've forgotten my key zapomněl(a) jsem si klíč
fork *(for eating)* vidlička
(in road) rozcestí
fortnight čtrnáct dní
forward(s) dopředu
fountain vodotrysk ; fontána
fourth čtvrtý(-á/-é)
fracture *n* zlomenina
free *(unoccupied)* volný(-á/-é)
(costing nothing) zadarmo
freezer mrazák
French *(person) (m/f)* Francouz(ka)
adj francouzský(-á/-é)
do you speak French? mluvíte francouzsky?
frequent častý
are the buses frequent? jezdí autobusy často?
fresh čerstvý(-á/-é)
fresh fish čerstvá ryba
fresh fruit čerstvé ovoce
fresh milk čerstvé mléko
fresh vegetables čerstvá zelenina
is it fresh? je to čerstvé?
Friday pátek
on Friday v pátek
fridge lednička
fried *(food)* smažený(-á/-é)
fried bread topinka
fried cheese *(usually edam)* smažený sýr
friend přítel(kyně) ; kamarád(ka)
my friends moji přátelé ; moji kamarádi
from od
I'm from Scotland jsem ze Skotska
I'm from London jsem z Londýna

front přední
can I sit in the front? mohu sedět vpředu?
frozen mražený(-á/-é)
frozen fish mražená ryba
frozen vegetables mražená zelenina
is it frozen? je to mražené?
fruit ovoce
what fruit do you have? jaké ovoce máte?
fruit juice ovocný džus
fruit salad ovocný salát
frying pan pánvička
fuel palivo
fuel pump benzinová pumpa
full plný(-á/-é)
full board plná penze
funfair lunapark
funny *(amusing)* legrační ; veselý(-á/-é)
fur kožešina
furniture nábytek
fuse pojistka
the fuse has blown jsou vyhozené pojistky

G

gallery *(art)* galerie
game *(sport)* hra
(meat) zvěřina
garage *(private)* garáž
(selling petrol, etc) čerpací stanice ; autoopravna
garden zahrada
garlic česnek
I don't like garlic nemám rád(a) česnek
gas plyn
I can smell gas cítím plyn
the gas has run out došel plyn
gas cylinder propanbutanová lahev
gate *(at airport)* východ
which gate is it? jaký východ to je?

G

gents' muži ; páni
genuine: *is this genuine?* je to pravé?
German *(person) (m/f)* Němec (Němka)
adj německý(-á/-é)
do you speak German? mluvíte německy?
German measles zarděnky
Germany Německo
to get *(obtain)* dostat
(receive) obdržet
(fetch) přinést
get into dostat se někam
get off (bus, etc) vystoupit
gift dárek
gift shop obchod s dárky
ginger zázvor
girl dívka
girlfriend přítelkyně ; dívka
my girlfriend moje přítelkyně
to give dávat
(give back) vrátit
glass *(substance)* sklo
(for drink) sklenice
a glass of water sklenice vody
a glass of wine sklenice vína
glasses *(spectacles)* brýle
gloves rukavice
glue lepidlo
to go *(on foot)* jít
(in vehicle) jet
go back vrátit se
go down (descend) sejít
go in vejít
go out odejít
goggles *(for swimming)* potápěčské brýle
gold zlato
is it gold? je to zlato?
golf golf

golf ball golfový míček
golf club golfová hůl
golf course golfové hřiště
good dobrý(-á/-é)
good afternoon dobré odpoledne
goodbye nashledanou
good day dobrý den
good evening dobrý večer
good morning dobré ráno
goodnight dobrou noc
goose husa
gram gram
150 grams of... sto padesát gramů...
grandfather dědeček
my grandfather můj dědeček
grandmother babička
my grandmother moje babička
grandparents prarodiče
my grandparents moji prarodiče
grapefruit grep
grapefruit juice grepový džus
grapes hrozny
grass tráva
Great Britain Velká Británie
green zelený(-á/-é)
green card *(car insurance)* zelená karta
grey šedivý(-á/-é)
grilled grilovaný(-á/-é)
grocer's potraviny
ground floor přízemí (P)
group *(of people)* skupina
is there a group discount? mají skupiny slevu?
guarantee *n* záruka
guard hlídka
guest *(m/f)* host
guest house penzion

guide *(m/f)* průvodce (průvodkyně)
guidebook průvodce
guided tour okružní jízda
when is the guided tour? kdy začíná okružní jízda?
how much is the guided tour? kolik stojí okružní jízda?
gym shoes cvičky

H

hair vlasy
hairbrush kartáč na vlasy
haircut sestřih vlasů
hairdresser's *(for women)* kadeřnictví
hair dryer fén
can I borrow a hair dryer? mohu si půjčit fén?
half polovina ; půl
half board polopenze
half bottle poloviční láhev
half an hour půl hodiny
half-price poloviční cena
ham šunka
hand ruka
handbag kabelka ; taška
handbrake ruční brzda
handkerchief kapesník
hand luggage ruční zavazadlo
hand-made ruční práce
is it hand-made? je to ruční práce?
to happen stát se ; přihodit se
what happened? co se stalo?
when did it happen? kdy se to stalo?
happy šťastný(-á/-é)
happy birthday! všechno nejlepší k narozeninám!
Happy New Year! šťastný nový rok!
harbour přístav
hard *(tough)* tvrdý(-á/-é) ; tuhý(-á/-é)
(difficult) těžký(-á/-é)

hat klobouk
to have mít ; *see* GRAMMAR
hay fever senná rýma
I get hay fever trpím sennou rýmou
hazelnut lískový oříšek
he on ; *see* GRAMMAR
head hlava
headache bolest hlavy
I've got a headache bolí mě hlava
to hear slyšet
I can't hear neslyším
hearing aid naslouchátka
heart srdce
heart attack infarkt
he(she) has had a heart attack měl(a) infarkt
heater topné těleso
heating topení
the heating is not working topení nefunguje
heavy těžký(-á/-é)
it's very heavy je to velice těžké
height výška
hello dobrý den ; ahoj
help! pomoc!
to help pomáhat
can you help me? můžete mi pomoct?
hepatitis žloutenka
her její
herbs bylinky
here tady
it's here je to tady
it's not here není to tady
high vysoký(-á/-é)
high blood pressure vysoký tlak krve
I've high blood pressure mám vysoký tlak krve
he/she has high blood pressure má vysoký tlak krve
high chair dětská židle
do you have a high chair? máte dětskou židli?

hill-walking chození po horách
I want to go hill-walking chci chodit po horách
to hire půjčit si
can we hire bikes? můžeme si půjčit kola?
I want to hire a car chci si půjčit auto
his jeho
to hitch-hike stopovat
to hold *(contain)* obsahovat
hole díra
holiday svátek ; volný den
to be on holiday být na dovolené
I'm on holiday mám dovolenou
are you on holiday? máš dovolenou?
home domov
is he/she at home? je doma?
homemade domácí
homemade apple strudel domácí štrůdl
honey med
honeymoon svatební cesta
we're on honeymoon jsme na svatební cestě
to hope doufat
I hope so doufám, že ano
I hope not doufám, že ne
hors d'œuvre předkrm
horse kůň
hospital nemocnice
where is the hospital? kde je nemocnice?
to the hospital, please do nemocnice, prosím
hot horký(-á/-é) ; pálivý(-á/-é)
I'm hot je mi horko
it's too hot (room) je tu příliš horko
hotel hotel
I'm staying at ... Hotel jsem ubytovaný v hotelu...
my hotel můj hotel
our hotel náš hotel
hour hodiny
in an hour's time za hodinu
half an hour půl hodina
3 hours tři hodiny

house dům
household goods potřeby pro domácnost
how jak
how much/many? kolik?
how are you? jak se máte?
hungry: *I'm hungry* mám hlad
hurry: *I'm in a hurry* spěchám
hurt: *it hurts* bolí to
husband manžel
my husband můj manžel
your husband váš manžel

I

I já ; *see* GRAMMAR
ice led
with ice s ledem
ice cream zmrzlina
ice lolly nanuk
iced ledový(-á/-é)
iced coffee ledová káva
iced tea ledový čaj
iced water ledová voda
ignition zapalování
ill nemocný(-á/-é)
I'm ill jsem nemocný
she is ill je nemocná
immediately okamžitě
important důležitý(-á/-é)
it's very important je to velmi důležité
impossible: *it's impossible* je to nemožné
in v
included včetně
is service included? je to včetně obsluhy?
is insurance included? je to včetně pojištění?
indigestion nevolnost
I have indigestion je mi nevolno
indoors uvnitř
infection infekce

inflammation zápal
information informace
inhaler inhalátor
injection injekce
injured poraněný(-á/-é)
I've been injured byl jsem poraněn(a)
she's has been injured byla poraněna
ink inkoust
insect hmyz
insect repellent repelent
instant coffee instantní káva
instructor *(m/f)* instruktor(ka)
insulin inzulín
I need insulin potřebuji inzulín
he/she needs insulin potřebuje inzulín
insurance pojištění
insurance documents doklady o pojištění
is insurance included? je to včetně pojištění?
third party insurance pojištění o spoluúčasti
interesting zajímavý(-á/-é)
international mezinárodní
an international call mezistátní hovor
interpreter *(m/f)* tlumočník (tlumočnice)
interval *(theatre)* přestávka
into do ; dovnitř
to invite pozvat
invoice faktura
I need an invoice potřebuji fakturu
Ireland Irsko
I'm from Ireland jsem z Irska
we're from Ireland jsme z Irska
Irish *(person) (m/f)* Ir(ka)
adj irský(-á/-é)
to iron žehlit
can you iron this? můžete to vyžehlit?
iron *(metal)* železo
(for clothes) žehlička
can I borrow an iron? mohu si půjčit žehličku?

ironmonger's železářství
is je ; *see* GRAMMAR
island ostrov
it to ; *see* GRAMMAR
Italian *(person) (m/f)* Ital(ka) *adj* italský(-á/-é)
Italy Itálie
itch: *it itches* to svědí
internet cafe internová kavárna

J

jack *(for car)* zvedák
jacket sako ; bunda
leather jacket kožené sako
jam *(food)* džem
jammed: *it's jammed* je to zaseknuté
January leden
jar sklenice
a jar of honey sklenice medu
a jar of olives sklenice oliv
jaundice žloutenka
jeans džíny
jelly želé
jewellery klenoty
Jew Žid(ovka)
(person) (m/f) žid(ovka)
Jewish *adj* židovský(-á/-é)
(person) (m/f) žid(ovka)
job práce
what's your job? jaké je vaše povolání?
jog: *to go jogging* jít běhat
joke: *it's a joke* to je vtip
journalist *(m/f)* novinář(ka)
journey cesta
how long is the journey? jak dlouho trvá ta cesta?
jug džbán

J

juice džus
orange juice pomerančový džus
lemon juice citronový džus
tomato juice rajčatový džus
jukebox; slot machine hrací automat
July červenec
jumper svetr
jump leads nepřímé startování
junction železniční uzel ; křižovatka
June červen

K

to keep držet ; nechat si
keep the change nechte si drobné
will it keep? (food) vydrží to?
kettle konvice
key klíč
I've lost my keys ztratil(a) jsem klíče
my key, please můj klíč, prosím
keyring kroužek na klíče
kidneys *(food)* ledvinky
kilo kilo
a kilo of oranges kilo pomerančů
two kilos dvě kila
kilometre kilometr
10 kilometres deset kilometrů
kind laskavý(-á/-é)
you're very kind jste velmi laskavý(-á)
kiosk kiosk
to kiss líbat
kitchen kuchyň
knee koleno
my knee hurts bolí mě koleno
knickers kalhotky
knife nůž
I need a knife potřebuji nůž
knife and fork; cutlery příbor

knot uzel
to know vědět ; znát
I know vím ; znám
I don't know nevím ; neznám

L

label *(luggage)* jmenovka
lace *(material)* krajka
laces *(for shoes)* tkaničky
ladies' *(toilet)* dámy ; ženy
where is the ladies'? kde jsou dámy?
lady dáma
lager pivo (světlé)
a glass of lager sklenice piva
a bottle of lager láhev piva
2 lagers dvě piva
lake jezero
lamb *(meat)* jehněčí
lamp lampa
land: *has the plane landed?* už to letadlo přistálo?
landlord/lady domácí
lane *(on motorway)* proud
language jazyk
what languages do you speak? kolika jazyky mluvíte?
large velký(-á/-é)
last poslední ; minulý(-á/-é)
last week minulý týden
last year minulý rok
the last train poslední vlak
late pozdě
it's late je pozdě
the train is late vlak má zpoždění
sorry I'm late promiňte, že jdu pozdě
later později
I'll call back later *(phone)* zavolám později
launderette pradlenka
is there a launderette nearby? je tady blízko pradlenka?

L

ENGLISH–CZECH

laundry service praní prádla
have you a laundry service? perete prádlo?
lavatory záchod
where is the lavatory? kde je záchod?
lawyer *(m/f)* právník (právnička)
leak díra
there's a leak teče to
leather kůže
leave *(on foot)* odejít
(in vehicle) odjet
when does the bus leave? kdy odjíždí ten autobus?
when does the train leave? kdy odjíždí ten vlak?
we leave tomorrow odjíždíme zítra
left levý(-á/-é)
on/to the left vlevo
left-luggage office úschovna zavazadel
leg noha
lemon citrón
lemon tea čaj s citronem
lemonade limonáda
to lend půjčit
can you lend me an alarm clock? můžete mi půjčit budík?
length délka
lens *(for camera)* objektiv
less méně
to let *(allow)* dovolit
letter *(mail)* dopis
where can I post a letter? kde mohu poslat ten dopis?
a letter to Britain dopis do Británie
(of alphabet) písmeno
lettuce hlávkový salát
licence *(driving)* řidičský průkaz
my licence můj řidičský průkaz
an international licence mezinárodní řidičský průkaz
lid víčko
lifeguard plavčík

life jacket záchranná vesta
lift *(elevator)* výtah
light *(not heavy)* lehký(-á/-é)
light *(illumination)* světlo
car lights světla
do you have a light? máte zapalovač?
the light doesn't work to světlo nesvítí
light bulb žárovka
lighter *(cigarette)* zapalovač
like *prep* jako
I want one like this chci takový jako tento
to like mít rád(a)
I like coffee mám rád(a) kávu
I don't like coffee nemám rád(a) kávu
lime limetta ; malý citron
lip salve jelení lůj
lipstick rtěnka
listen (to) poslouchat
litre litr
3 litres tři litry
10 litres of petrol deset litrů benzínu
litter *(rubbish)* odpadky
little *(small)* malý(-á/-é)
just a little, please jenom trochu, prosím
to live žít ; bydlet
I live in London bydlím v Londýně
we live in London bydlíme v Londýně
liver játra
living room obývací pokoj
lizard ještěrka
loaf bochník
two loaves of bread dva bochníky chleba
lobster humr
to lock zamknout
can you lock this up? můžete to zamknout?
it's locked je to zamčené
lock *n* zámek
the lock is broken ten zámek je rozbitý

locker *(for luggage)* skříňka na zavazadla
London Londýn
I'm from London jsem z Londýna
have you been to London? byli jste už v Londýně?
long dlouhý(-á/-é)
will it take long? bude to trvat dlouho?
look dívat se
look after starat se
look for hledat
lorry nákladní auto
lose ztratit
lost ztracený(-á/-é)
I've lost my wallet ztratil(a) jsem peněženku
I'm lost zabloudil(a) jsem
lost and found office oddělení ztrát a nálezů
lost property office ztráty a nálezy
lot: *a lot* mnoho
lotion lotion
suntan lotion lotion na opalování
loud hlasitý(-á/-é)
lounge *(in house)* obývací pokoj
(in airport) hala
to love milovat
(to enjoy) mít rád(a)
I love swimming mám rád(a) plavání
I love cheese mám rád(a) sýr
I love you miluji tě
lovely: *it's lovely* to je pěkné
lucky: *I'm lucky* mám štěstí
luggage zavazadlo
my luggage moje zavazadlo
our luggage naše zavazadlo
luggage rack polička pro zavazadla
luggage tag jmenovka
luggage trolley vozík
lukewarm vlažný(-á/-é)
lunch oběd
what time is lunch? v kolik hodin je oběd?

M

machine stroj
magazine časopis
maid pokojská
maiden name jméno za svobodna
main hlavní
to make dělat
make-up make-up
man muž ; člověk
manager manažér ; vedoucí
I want to speak to the manager chci mluvit s vedoucím
who is the manager? kdo je tu vedoucí?
many mnoho
how many? kolik?
how many days? kolik dnů?
how many kilometres? kolik kilometrů?
map mapa
do you have a map? máte mapu?
marble mramor
March březen
margarine margarín
market trh
marmalade pomerančový džem
married *(man)* ženatý
(woman) vdaná
I'm married jsem ženatý (vdaná)
I'm not married nejsem ženatý (vdaná)
are you married? jste ženatý (vdaná)?
mass *(church service)* mše
match *(game)* zápas ; hra
matches *(light)* zápalky
material *(cloth)* látka
what material is it? jaká je to látka?
matter: *it doesn't matter* to nevadí
May květen
meal jídlo

to mean *(signify)* znamenat
what does this mean? co to znamená?
measles spalničky
measurement míra
meat maso
I don't eat meat nejím maso
is there meat in this? je v tom maso?
mechanic mechanik
medicine lék
medium: *medium-sized* středně velký
medium rare (meat) středně propečené
to meet potkat ; setkat se s
meeting schůzka
melon meloun
member *(of club, etc) (m/f)* člen(ka)
men muži
for men pro muže
menu jídelní lístek
message vzkaz
are there any messages for me? mám tu nějaké vzkazy?
can I leave a message? mohu nechat vzkaz?
meter měřič
metre metr
2 metres dva metry
100 metres sto metrů
microwave oven mikrovlnná trouba
midday poledne
midnight půlnoc
migraine migréna
I have a migraine mám migrénu
he/she has a migraine má migrénu
milk mléko
a glass of milk sklenice mléka
a carton of milk krabice mléka
a sachet of milk sáček mléka
powdered milk sušené mléko
skimmed milk nízkotučné mléko
milkshake mléčný koktejl

millimetre milimetr
10 millimetres deset milimetrů
million milion
2 million dva miliony
mince *(meat)* mleté maso
mind: *do you mind if I smoke?* bude vám vadit, když si zapálím?
mineral water minerálka
a glass of mineral water sklenice minerálky
a bottle of mineral water láhev minerálky
minimum minimum
mints mátové bonbóny
minute minuta
10 minutes deset minut
mirror zrcadlo
to miss *(plane, train, etc)* zmeškat
I missed the bus zmeškal(a) jsem autobus
Miss slečna
Miss Jones slečna Jonesová
missing: *my ... is missing* ztratil(a) se mi...
my wallet is missing ztratila se mi peněženka
my camera is missing ztratil se mi fotoaparát
mistake chyba
I made a mistake udělal(a) jsem chybu
misunderstanding nedorozumění
modern moderní
moisturizer hydratační krém
monastery klášter
Monday pondělí
on Monday v pondělí
money peníze
money belt bezpečnostní pás na peníze
I've lost my money belt ztratil(a) jsem ledvinku
month měsíc
6 months šest měsíců
monument památník
moon měsíc

more víc
I've no more money už nemám peníze
more bread, please ještě chleba, prosím
more water, please ještě voda, prosím
can I have some more? mohu dostat trochu víc?
morning ráno
in the morning ráno
tomorrow morning zítra ráno
this morning dnes ráno
mosquitos komáři
moth *(clothes)* mol
mother matka
mother-in-law tchýně
motor motor
motorbike motorka
motorboat motorový člun
motorway dálnice
mountain hora
mouse myš
moustache knír
mouth ústa
Mr pan
Mr Jones pan Jones
Mrs paní
Mrs Jones paní Jonesová
much mnoho
too much příliš mnoho
it costs too much stojí to příliš mnoho
mudguard blatník
mumps příušnice
muscle sval
I've pulled a muscle natáhl(a) jsem si sval
museum muzeum
mushrooms houby
music hudba
music shop music shop
mussels mušle
must: *I must go* musím jít
we must go musíme jít

mustard hořčice
my *(m/f/nt)* můj/moje/moje

N

nail *(metal)* hřebík
(on finger) nehet
nail polish lak na nehty
name jméno
my name is… jmenuji se…
what's your name? jak se jmenujete?
napkin ubrousek
nappy plenka
narrow úzký(-á/-é)
nationality národnost
navy blue námořnická modř
near blízko
is it near? je to blízko?
nearest nejbližší
where's the nearest bank? kde je nejbližší banka?
where's the nearest chemist? kde je nejbližší lékárna?
necessary nutný(-á/-é)
is it necessary to book? je nutná rezervace?
neck krk
necklace náhrdelník
to need potřebovat
I need… potřebuji…
I need a car potřebuji auto
I need to go potřebuji jet
needle jehla
needle and thread jehla a nit
negatives *(photography)* negativy
neighbour *(m/f)* soused(ka)
nephew synovec
never nikdy
I never drink wine nikdy nepiji víno
I never eat meat nikdy nejím maso

new nový(-á/-é)
is it new? je to nové?
news zprávy
newspaper noviny
newsstand novinový stánek
New Year Nový rok
New Zealand Nový Zéland
I'm from New Zealand jsem z Nového Zélandu
we're from New Zealand jsme z Nového Zélandu
next příští
when is the next bus? kdy jede příští autobus?
when is the next train? kdy jede příští vlak?
nice pěkný(-á/-é)
it's very nice to je moc pěkné
niece neteř
night noc
last night včera v noci
tomorrow night zítra v noci
at night v noci
per night na noc
nightclub noční klub
is there a nightclub? je tu noční klub?
nightdress noční košile
no ne
no, thanks ne, děkuji
there's no hot water neteče teplá voda
nobody nikdo
noisy hlučný(-á/-é)
it's too noisy je to příliš hlučné
non-alcoholic nealkoholický(-á/-é)
none žádný(-á/-é)
there's none left nic nezbylo
non-smoking nekuřák
is there a non-smoking area? je tu prostor pro nekuřáky?
non-smoking carriage vagon pro nekuřáky
north sever

Northern Ireland Severní Irsko
I'm from Northern Ireland jsem ze Severního Irska
we're from Northern Ireland jsme ze Severního Irska
nose nos
not ne
I don't know nevím
note *(banknote)* bankovka
note pad blok
nothing nic
novel román
November listopad
now nyní ; teď
number číslo
phone number telefonní číslo
fax number číslo faxu
number plate *(car)* státní poznávací značka
nurse sestra
I'm a nurse jsem sestra
nuts ořechy

oars vesla
October říjen
of z
off: *the heating is off* topení je vypnuté
this is off (milk, food) je to zkažené
office kancelář
I work in an office pracuji v kanceláři
often často
oil olej
oil filter olejový filtr
ointment mast
OK dobře
old starý(-á/-é)
how old are you? kolik je vám roků?
I'm ... years old je mi ... roků
how old is he (she)? jak je starý (stará)?
how old is it? jak je to staré?

olive oil olivový olej
olives olivy
omelette omeleta
on v ; na
on Saturday v sobotu
on the shelf na polici
once jednou
at once okamžitě
one *(m/f/nt)* jeden/jedna/jedno
one orange jeden pomeranč
one bathroom jedna koupelna
one apple jedno jablko
one-way street jednosměrná ulice
onion cibule
only jenom
only one jenom jeden
only me jenom já
open *adj* otevřený(-á/-é)
is it open? je to otevřené?
to open otevřít
what time does it open? v kolik hodin otevírají?
opera opera
operator *(telephone) (m/f)* spojovatel(ka)
opposite naproti
opposite the hotel naproti hotelu
opposite the bank naproti bance
optician optik
orange *adj* oranžový(-á/-é)
orange *n* pomeranč
3 oranges tři pomeranče
orange juice pomerančový džus
orange marmalade pomerančový džem
ounce = *approx. 30g*
our *(m/f/nt)* náš/naše/naše
out ven
he's gone out je venku ; odešel
get out! vypadni!
outdoor venku

outskirts okolí
oven trouba
to owe dlužit
you owe me... dlužíte mi...
what do I owe you? kolik vám dlužím?
owner *(m/f)* majitel(ka)

P

to pack balit
package *(parcel)* balíček
package tour zájezd
packet balíček ; sáček
a packet of crisps sáček brambůrek
a packet of biscuits balíček sušenek
paddling pool brouzdaliště
paid: *I've paid already* už jsem platil(a)
pain bolest
painful bolestivý(-á/-é)
it's very painful velice to bolí
painkiller lék proti bolesti
painting *(picture)* obraz
palace palác
pancake palačinka
pants *(underpants)* slipy
paper papír
wrapping paper balicí papír
writing paper dopisní papír
parcel balík
I want to send this parcel chci poslat tento balík
pardon? prosím?
parents rodiče
my parents moji rodiče
your parents vaši rodiče
park *n* park
to park parkovat
can I park here? mohu tady parkovat?
where can I park? kde mohu parkovat?
parking disk povolení k parkování

P

parsley petrželka
part: *spare part* náhradní díl
partner *(business) (m/f)* partner(ka)
my partner (male) můj přítel
my partner (female) moje přítelkyně
party *(celebration)* večírek
passenger *(m/f)* cestující
passport pas
my passport můj pas
his/her passport jeho/její pas
passport control pasová kontrola
pasta těstoviny
pastry *(dough)* těsto
pâté paštika
path cesta ; stezka
pavement chodník
to pay platit
where do I pay? kde se platí?
peaches broskve
4 peaches čtyři broskve
peanuts burské oříšky
pears hrušky
peas hrášky
pedestrian *(m/f)* chodec
pedestrian crossing přechod pro chodce
peg: *clothes peg* kolíček
tent peg stanový kolík
pen pero
pencil tužka
penicillin penicilín
penknife kapesní nůž
pensioner *(m/f)* důchodce (důchodkyně)
I'm a pensioner jsem důchodce
people lidé
4 people čtyři lidé
pepper *(spice)* pepř
(vegetable) paprika

per na ; za
per hour za hodinu
per week za týden
per person na osobu
per kilometre za kilometr
perfect perfektní
it's perfect to je perfektní
performance představení
perfume parfém
period *(menstruation)* menstruace
period pains menstruační bolesti
permit povolení
do I need a permit? potřebuji povolení?
person osoba
one person jedna osoba
petrol benzín
10 litres of petrol deset litrů benzínu
unleaded petrol bezolovnatý benzín
4-star petrol super benzín
petrol station čerpací stanice
pharmacy lékárna
to phone telefonovat ; *see* **telephone**
phonecard telefonní karta
photocopy *n* kopie
I need a photocopy of this potřebuji kopii
photograph *n* fotograf
picnic piknik
picture *(on wall)* obraz
pie koláč
piece kousek
a piece of cake kousek dortu
pill pilulka
I'm on the Pill beru antikoncepci
pillow polštář
pillowcase povlečení na polštář
pin špendlík
pineapple ananas
pink růžový(-á/-é)

P

pipe *(for smoking)* dýmka
(drain, etc) trubka
place místo
are there any places left? je tu volné místo?
plane *(aeroplane)* letadlo
plaster náplast
I need a plaster potřebuji náplast
plastic z umělé hmoty
plastic bag taška z umělé hmoty
plate talíř
another plate, please prosím jiný talíř
platform *(railway)* nástupiště
which platform? jaké nástupiště?
to play hrát
do you play tennis? hrajete tenis?
where can I play golf? kde se hraje golf?
please prosím
pliers kleště
plug *(electric)* zástrčka
(for sink) zátka
there's no plug (for sink) není tu zátka
plums švestky
plumber instalatér
poisonous jedovatý(-á/-é)
police policie
call the police! zavolejte policii!
police officer *(m/f)* policista (policistka)
police station policejní stanice
where is the police station? kde je policejní stanice?
polish *(for shoes)* krém na boty
polluted: *is it polluted?* je to znečištěné?
pool koupaliště
poor *(not rich)* chudý(-á/-é)
popular populární
pork vepřové
port *(wine)* portské
porter *(for door)* vrátný

(for luggage) nosič
possible možný(-á/-é)
is it possible to...? je možné...?
to post poslat
where can I post this? odkud to mohu poslat?
postbox poštovní schránka
postcard pohled
4 postcards čtyři pohledy
stamps for postcards známky na pohledy
postcards to England pohledy do Anglie
postcode poštovní směrovací číslo
poster plakát
post office pošta
where's the post office? kde je pošta?
pot *(for cooking)* hrnec
potato brambora
boiled potatoes vařené brambory
fried potatoes smažené brambory
mashed potato bramborová kaše
potato salad bramborový salát
pottery keramika
pound libra
£50 padesát liber
(weight) = approx. 0. 5 kilo
Prague Praha
prawns krevety
pregnant těhotná
I'm pregnant jsem těhotná
she's pregnant je těhotná
prescription předpis
present *(gift)* dárek
it's a present to je dárek
pretty hezký(-á/-é)
price cena
price list seznam cen
is there a price list? máte seznam cen?
prints *(photo)* fotografie

P

private soukromý(-á/-é)
a private bathroom soukromá koupelna
probably asi
problem problém
there's a problem with... je tu problém s...
to pronounce vyslovovat
how is this pronounced? jak se tohle vyslovuje?
prunes sušené švestky
public veřejný(-á/-é)
public holiday státní svátek
pudding zákusek ; moučník
to pull táhnout
pump *(for tyres)* hustilka
puncture díra v pneumatice
purple fialový(-á/-é)
purse peněženka
I've lost my purse ztratil(a) jsem peněženku
to push tlačit
pushchair kočárek-hole
pyjamas pyžamo

Q

quality kvalita
good quality dobrá kvalita
poor quality špatná kvalita
queen královna
question *n* otázka
queue fronta
quickly rychle
quiet tichý(-á/-é)
I want a quiet room chci tichý pokoj
quiet! ticho!
quite docela
it's quite good je to docela dobré
it's quite expensive je to docela drahé

rabbit králík
rabies vzteklina
race *(sport)* závod
racket *(tennis, etc)* raketa
radio rádio
radishes ředkvičky
railway station nádraží
rain *n* déšť
to rain pršet
raincoat pláštěnka
raining: *it's raining* prší
raisins rozinky
rare *(steak)* málo propečený
rash *(skin)* vyrážka
it gives me a rash mám z toho vyrážku
rate míra ; kurs
what's the exchange rate? jaký je kurs?
raw syrový(-á/-é)
razor břitva
razor blades žiletky
to read číst
ready hotový(-á/-é)
is it ready? je to hotové?
real *is it real gold?* je to pravé zlato?
is it real leather? je to pravá kůže?
reason *n* důvod
receipt potvrzení
recently nedávno
reception recepce
recipe recept
recommend doporučit
what do you recommend? co doporučujete?
record gramofonová deska
record shop obchod s deskami

red červený(-á/-é)
reduction snížení ; sleva
is there a reduction? poskytujete slevu?
refill *(for camping gas, etc)* náhradní náplň
refund finanční náhrada
registered letter doporučený dopis
regulations nařízení
I didn't know the regulations neznal jsem ta nařízení
relation *(family member)* příbuzný(-á)
reliable *(person, service)* spolehlivý(-á/-é)
to remember pamatovat si
rent *n* nájem
how much is the rent? kolik bude stát nájem?
to rent pronajmout si
to repair opravit
can you repair this? můžete to opravit?
to repeat opakovat
please repeat that opakujte to, prosím
report *n* zpráva
reservation rezervace
I have a reservation mám rezervaci
to reserve *(room, table, etc)* rezervovat si
to rest odpočinout si
I need to rest potřebuji si odpočinout
he/she needs to rest potřebuje si odpočinout
restaurant restaurace
restaurant car *(on train)* restaurační vagón
retired v důchodu
I'm retired jsem v důchodu
to return *(come back)* vrátit se
when will he/she return? kdy se vrátí?
return ticket zpáteční jízdenka
reverse-charge call hovor na účet volaného
reverse gear zpátečka
rheumatism revmatismus
rice rýže
rich *(person)* bohatý(-á/-é)
(food) vydatné jídlo

right *(not left)* pravý(-á/-é)
on/to the right vpravo
(correct) spravný(-á/-é)
ring *(for finger)* prsten
ripe: *is it ripe?* je to zralé?
river řeka
road silnice
is this the road to Prague? je tohle silnice do Prahy?
is this the road to the station? je tohle silnice na nádraží?
road map autoatlas
robot; food processor robot
roll *(bread)* rohlík
Romany *(person) (m/f)* Róm(ka)
adj rómský(-á/-é)
roof střecha
roof rack zahrádka na auto
room *(in house, etc)* pokoj
room service pokojová obsluha
rope provaz
rotten *(food)* zkažený(-á/-é)
rough *(surface)* hrubý(-á/-é)
roundabout kruhový objezd
rowing boat člun
rubber guma
rubbish odpadky
rucksack ruksak
rug kobereček
rush hour dopravní špička

S

sad smutný(-á/-é)
safe *n (for valuables)* sejf
safe *adj* bezpečný(-á/-é)
is it safe to swim? je bezpečné tady plavat?
is it safe to eat? je bezpečné tohle jíst?
safety pin zavírací špendlík

I need a safety pin potřebuji zavírací špendlík
sailing plachtění
can we go sailing? můžeme jet na plachetnici?
salad salát
green salad zelený salát
mixed salad míchaný salát
tomato salad rajčatový salát
salad dressing zálivka na salát
salesman obchodní zástupce
salesperson *(m/f)* prodavač(ka)
salmon losos
salt sůl
same: *the same* to samé
sand písek
sandals sandály
sandwich sendvič
sanitary towel vložka
I need some sanitary towels potřebuji vložky
sardines sardinky
Saturday sobota
on Saturday v sobotu
sauce omáčka
what's in the sauce? z čeho je ta omáčka?
saucepan pánvička
sauerkraut kyselé zelí
sausage klobáska
savoury *adj* slaný(-á/-é)
is it savoury or sweet? je to slané nebo sladké?
to say říkat
scarf *(headscarf)* šátek
school škola
scissors nůžky
Scotland Skotsko
I'm from Scotland jsem ze Skotska
we're from Scotland jsme ze Skotska
it's from Scotland je to ze Skotska

Scottish *adj* skotský(-á/-é)
screw *n* šroub
the screw's come out vypadl šroub
screwdriver šroubovák
sea moře
season ticket permanentka
seat *(chair)* židle
(on bus, train, etc) sedadlo
second *adj* druhý(-á/-é)
second-class druhá třída
a second-class ticket jízdenka druhé třídy
second-hand použitý(-á/-é)
to see vidět
self-service samoobsluha
is it self-service? je to samoobsluha?
to sell prodávat
do you sell...? prodáváte...?
do you sell stamps? prodáváte známky?
do you sell batteries? prodáváte baterie?
Sellotape® izolepa
I need Sellotape® potřebuji izolepu
to send posílat
senior citizen penzista
separate oddělený(-á/-é)
we'd like separate beds chtěli bychom oddělené postele
separately zvlášť
we want to pay separately chceme platit zvlášť
September září
serious: *is it serious?* je to vážné?
service obsluha
the service was very good obsluha byla velmi dobrá
the service was very bad obsluha byla velmi špatná
service charge poplatek za obsluhu
is there a service charge? platí se za obsluhu?
set menu turistické menu
is there a set menu? máte turistické menu?
to sew šít

shade *(shadow)* stín
in the shade ve stínu
shallow *(water)* mělký(-á/-é)
is it shallow? je tu mělko?
shampoo šampón
to share sdílet
to shave holit
shaver holicí strojek
shaver socket zásuvka na holicí strojek
shaving cream krém na holení
she ona ; *see* GRAMMAR
sheep ovce
sheet *(for bed)* prostěradlo
please change the sheets vyměňte, prosím, prostěradla
shelf polička
ship loď
shirt košile
shock absorber tlumič
shoe bota
shoes boty
shop obchod
shop assistant *(m/f)* prodavač(ka)
shopping nakupování
short krátký(-á/-é)
short-cut zkratka
is there a short-cut? je tu zkratka?
shorts *(short trousers)* šortky
show *n (entertainment)* představení
to show ukázat
please show me prosím, ukažte mi
shower sprcha
shut *adj* zavřený(-á/-é)
it was shut bylo zavřeno
to shut zavírat
when does it shut? kdy se zavírá?
shutters žaluzie

sick: *I feel sick* je mi špatně
sightseeing prohlídka pamětihodností
sign *n (road-, notice, etc)* značka
to sign *(cheque, etc)* označit
signature podpis
silk hedvábí
silver stříbro
is it silver? je to stříbro?
to sing zpívat
single: *I'm single* jsem svobodný(-á)
single bed postel pro jednu osobu
single room pokoj pro jednu osobu
sink dřez
the sink's blocked dřez je ucpaný
sister sestra
my sister moje sestra
to sit sedět
size *(clothes)* velikost
(shoes) číslo
skates brusle
skating bruslení
we'd like to go skating rádi bychom šli bruslit
to ski lyžovat
ski lift lyžařsky vlek
ski pass permanentka
skis lyže
skin kůže
skirt sukně
sky obloha
to sleep spát
I can't sleep nemohu spát
sleeping bag spací pytel
sleeping pill prášek na spaní
slice plátek
slippers pantofle
Slovak *adj* slovenský(-á/-é)
I don't speak Slovak neluvím slovensky

Slovakia Slovensko
slow pomalý(-á/-é)
small malý(-á/-é)
it's too small je to příliš malé
smaller menší
a smaller size menší velikost
smell *n* vůně
to smell cítit
it smells bad nevoní to dobře
smile *n* úsměv
smoke *n* kouř
to smoke kouřit
I don't smoke nekouřím
can I smoke here? mohu tady kouřit?
please don't smoke nekuřte, prosím
smoked *(meat, fish, etc)* uzený(-á/-é)
snow sníh
so tak
so much tak moc
not so much ne tak moc
soap mýdlo
soap powder mýdlový prášek
sober střízlivý(-á/-é)
socks ponožky
socket *(electrical)* zásuvka
soft měkký(-á/-é)
soft drink nealkoholický nápoj
someone někdo
something něco
sometimes někdy
somewhere někde
son syn
my son můj syn
song píseň
soon brzy
too soon příliš brzy
I'm leaving soon brzy odjíždím

as soon as possible co nejdříve
sorry! promiňte!
soup polévka
what soup do you have? jakou máte polévku?
south jih
souvenir suvenýr
a souvenir shop obchod se suvenýry
spa lázně
space prostor
parking space prostor k parkování
spade rýč
spanner klíč
spare wheel náhradní kolo
sparkling perlivý(-á/-é)
sparkling wine šumivé víno ; sekt
spark plugs zapalovací svíčky
to speak mluvit
do you speak English? mluvíte anglicky?
do you speak German? mluvíte německy?
I don't speak Czech nemluvím česky
special zvláštní
speciality specialita
speed rychlost
speed limit omezení rychlosti
spell: *how do you spell it?* jak se to hláskuje?
spicy ostrý(-á/-é)
very spicy goulash chilli guláš
spicy toast ďabelské tousty
is it spicy? je to ostré?
I can't eat spicy food nejím ostrá jídla
spinach špenát
sponge houba na mytí
spoon lžíce
I need a spoon potřebuji lžíci
sport sport
spring *(season)* jaro

in spring na jaře
square *(in town)* náměstí
in the square na náměstí
stadium stadion
stairs schody
stalls *(in theatre)* přízemí v divadle
stamp známka
do you sell stamps? prodáváte známky?
6 stamps for postcards šest známek na pohledy
2 stamps for letters dvě známky na dopisy
star hvězda
to start začít
the car won't start auto nechce startovat
when does it start? kdy to začíná?
starter *(in meal)* předkrm
(car) startér
station nádraží
bus station autobusové nádraží
train station vlakové nádraží
stationer's papírnictví
to stay být ubytovaný
I'm staying at ... Hotel jsem ubytovaný(a) v hotelu...
steak biftek
steep: *is it steep?* je to prudké?
steering wheel volant
sterling sterling
stewed *(meat, etc)* dušený(-á/-é)
steward *(on plane)* steward
stewardess *(on plane)* stewardka ; letuška
sticking plaster náplast
still *(not fizzy)* neperlivý(-á/-é)
sting bodnutí
bee sting včelí bodnutí
stomach žaludek
my stomach hurts bolí mě žaludek
stomachache bolest žaludku
stop! stop!

storm bouřka

straight on rovně

keep straight on jděte stále rovně

straw *(for drinking)* brčko

strawberry jahoda

street ulice

street map plán města

string provázek

strong *(tea, coffee)* silný(-á/-é)

stuck: *it's stuck* je to zaražené

student *(m/f)* student(ka)

I'm a student jsem student(ka)

we're students jsme studenti

is there a student discount? mají studenti slevu?

stuffing: *i.e. for turkey* nádivka

stuffed beef roll španělský ptáček

stung poštípaný(-á/-é)

I've been stung jsem poštípaný

she's been stung je poštípaná

stupid hloupý(-á/-é)

subscription př edplatné

suddenly náhle

suede semiš

sugar cukr

suit *(man's)* oblek

(woman's) kostým

suitcase kufr

I've lost my suitcase ztratil(a) jsem kufr

summer léto

in summer v létě

sun slunce

to sunbathe opalovat se

sunblock ochranný krém s vysokým faktorem

sunburnt spálený(-á/-é) od slunce

Sunday neděle

on Sunday v neděli

sunglasses sluneční brýle

sunny slunný(-á/-é)
sunrise východ slunce
what time is sunrise? kdy vychází slunce?
sunset západ slunce
what time is sunset? kdy zapadá slunce?
sunstroke úpal
suntan lotion sluneční lotion
supermarket supermarket
is there a supermarket? je tady supermarket?
supper večeře
supplement doplatek
surname příjmení
sweater svetr
sweatshirt mikina
sweet *adj* sladký(-á/-é)
is it sweet? je to sladké?
it's too sweet to je příliš sladké
sweetener umělé sladidlo
have you got any sweetener? máte umělé sladidlo?
sweets bonbóny
to swim plavat
is it safe to swim? je bezpečné tady plavat?
swimming-pool koupaliště ; bazén
is there a swimming-pool? je tu koupaliště?
swimsuit plavky
switch vypínač
the switch is broken vypínač je rozbitý
where's the switch? kde je vypínač?
to switch off vypnout
to switch on zapnout
swollen *(finger, ankle, etc)* oteklý(-á/-é)

T

table stůl
tablecloth ubrus
table tennis stolní tenis

to take vzít
to talk mluvit
tall vysoký(-á/-é)
tampons tampóny
I need some tampons potřebuji tampóny
tap *n* kohoutek
tape *n (cassette)* kazeta
tape recorder kazetový magnetofon
taste: *can I taste some?* mohu to ochutnat?
taste *n* chuť
tax daň
is tax included? je to včetně daně?
taxi taxi
taxi-rank stanoviště taxíků
tea čaj
a cup of tea šálek čaje
two cups of tea dva šálky čaje
teabag sáček čaje
teaspoon lžička
teacher *(m/f)* učitel(ka)
team *(football, etc)* tým
teeth zuby
telephone *n* telefon
where's the telephone? kde je telefon?
to telephone telefonovat
can I telephone from here? mohu odsud telefonovat?
telephone box telefonní budka
telephone call telefonní rozhovor
I need to make a call potřebuji si zatelefonovat
an international call mezinárodní telefonní hovor
telephone directory telefonní seznam
television televize
to tell říkat
temperature teplota
I have a temperature mám teplota
he/she has a temperature má teplotu
what's the temperature? jaká je teplota?

T

temporary dočasný(-á/-é)

tennis tenis

do you play tennis? hrajete tenis?

tennis ball tenisový(-á/-é) míček

tennis court tenisový kurt

tennis racket tenisová raketa

tent stan

tent peg stanový kolík

terrace terasa

tetanus tetanus

I need a tetanus injection potřebuji protitetanovou injekci

thanks dík ; díky

thank you děkuji

thank you very much moc vám děkuji

that *(m/f/nt)* ten/ta/to

what's that? co to je?

the *see* GRAMMAR

theatre divadlo

there *(over there)* tam

there is… je … tu

there are… jsou … tu

is there…? je tu …?

thermometer teploměr

these tyto

they oni ; *see* GRAMMAR

thief zloděj

thin hubený(-á/-é)

thing věc

my things moje věci

to think myslet

I think so myslím, že ano

I don't think so myslím, že ne

third třetí

thirsty: *I'm thirsty* mám žízeň

this *(m/f/nt)* ten/ta/to

what's this? co to je?

those tamty

thread nit
throat krk
sore throat bolení v krku
throat lozenges bonbóny proti bolení v krku
Thursday čtvrtek
on Thursday ve čtvrtek
ticket lístek
(for travel) jízdenka
(for admission) vstupenka
2 tickets dva lístky
ticket collector revizor
ticket office pokladna
tie *n* kravata
tight: *it's too tight* je to příliš těsné
tights punčochové kalhoty
till *(until)* do
time čas
what time is it? kolik je hodin?
this time v tuto dobu
next time příště
on time včas
timetable jízdní řád
is there a timetable? je tu jízdní řád?
tin *(can)* konzerva
tin-foil alobal
tin-opener otvírák na konzervy
tip *(to waiter, etc)* spropitné
tired unavený(-á/-é)
I'm tired jsem unavený(-a)
tissues: *have you any tissues?* máte papírové kapesníky?
to do ; na ; *see* GRAMMAR
to London do Londýna
to Brno do Brna
to the station na nádraží
toast toust ; topinka
tobacconist's tabák

T

today dnes
together dohromady
we'll pay together platíme dohromady
toilet toaleta ; záchod
toilet paper toaletní papír
there's no toilet paper není tu toaletní papír
tomato rajče
tomato juice rajčatový džus
tomato salad rajčatový salát
tomorrow zítra
tomorrow morning zítra ráno
tomorrow afternoon zítra odpoledne
tomorrow evening zítra večer
tongue jazyk
tonic water tonik
tonight dnes večer
a table for tonight stůl na dnes večer
a ticket for tonight vstupenka na dnes večer
too příliš
too hot příliš horko
tooth zub
toothache bolest zubu
I've got toothache bolí mě zub
toothbrush kartáček na zuby
toothpaste pasta na zuby
top: *the top floor* nejvyšší poschodí
torch baterka
torn: *it's torn* je to roztržené
total: *what's the total?* kolik to je celkem?
tour zájezd
tourist *(m/f)* turista (turistka)
tourist office turistická kancelář ; informace
tourist ticket turistická jízdenka
tow: *can you tow me?* můžete mě odtáhnout?
tow rope tažné lano
towel ručník
bath towel osuška

hand towel malý ručník
tower věž
town město
town centre střed města
town hall radnice
town plan plán města
toy hračka
traditional tradiční
traffic doprava
traffic lights semafor
train vlak
the train to Bratislava vlak do Bratislavy
the train to Pilsen vlak do Plzně
trainers *(shoes)* sportovní obuv
tram tramvaj
to translate přeložit
can you translate this? můžete to přeložit?
translation překlad
English translation překlad do angličtiny
to travel cestovat
travel agency cestovní kancelář
traveller's cheques cestovní šeky
tray podnos
tree strom
trip *(excursion)* výlet
trousers kalhoty
trout pstruh
truck nákladní auto
true: *that's true* to je pravda
that's not true to není pravda
trunks *(swimming)* plavky
T-shirt tričko
Tuesday úterý
on Tuesday v úterý
tuna tuňák
tunnel tunel

turkey krocan
to turn zahnout
to turn off *(radio, light)* vypnout
to turn on *(radio, light)* zapnout
tweezers pinzeta
twice dvakrát
twin beds oddělené postele
twins dvojčata
tyre pneumatika
tyre pressure tlak v pneumatice
tyre/bicycle pump pumpička

U

ugly ošklivý(-á/-é)
umbrella deštník
uncle strýc
my uncle můj strýc
uncomfortable nepohodlný(-á/-é)
it's uncomfortable je to nepohodlné
unconscious v bezvědomí
he/she is unconscious je v bezvědomí
underground *(metro)* metro
underpants slipy
to understand rozumět
I don't understand nerozumím
do you understand? rozumíte?
underwear spodní prádlo
unemployed nezaměstnaný(-á/-é)
unleaded petrol bezolovnatý benzin
United States Spojené státy
university univerzita
to unpack *(suitcases)* vybalit
unscrew odšroubovat
upstairs nahoře ; nahoru
your room is upstairs váš pokoj je nahoře
urgent: *it's urgent* je to naléhavé

to use používat
useful užitečný(-á/-é)
usually obvykle

vacancies volné pokoje
vaccination očkování
vacuum cleaner vysavač
valid *(ticket, etc)* platný(-á/-é)
is this valid? je to platné?
valley údolí
valuable: ***it's valuable*** je to cenné
valuables cennosti
van dodávka
VAT DPH
is VAT included? je to včetně DPH?
veal telecí
vegetables zelenina
vegetarian *(m/f)* vegetarián(ka)
I'm vegetarian jsem vegetarián(ka)
have you any vegetarian dishes? máte nějaká vegetariánská jídla?
vehicle vozidlo
very velmi
very good velmi dobrý
very soon velmi brzy
video video
video camera videokamera
video cassette videokazeta
video recorder videorekordér
view vyhlídka
a room with a view pokoj s vyhlídkou
village vesnice
vinegar ocet
vineyard vinice
visa vízum

to visit návštívit
vitamin pills vitamíny v tabletách
voltage napětí
what's the voltage? jaké je tu napětí?

W

waist pas
to wait for čekat na
please wait čekejte, prosím
waiter číšník
waiting room čekárna
waitress servírka
to wake up vzbudit
Wales Wales
walk *n* procházka
to walk chodit pěšky
I like walking rád chodím pěšky
where can we go walking? kam se můžeme jít projít?
walking boots pohorky
walking stick hůl
wall zeď
wallet peněženka
I've lost my wallet ztratil(a) jsem peněženku
walnut vlašský ořech
to want chtít ; *see* GRAMMAR
I want... chci...
war válka
wardrobe skříň
warm teplý(-á/-é)
warning triangle výstražný trojúhelník
to wash *(oneself)* umýt se
where can I wash? kde se mohu umýt?
washbasin umyvadlo
washing machine pračka
washing powder prášek na praní
washing-up liquid Jar®

wasp vosa
wasp sting vosí bodnutí
waste bin odpadkový koš
watch *(wrist)* hodinky
watchstrap řemínek k hodinkám
water voda
drinking water pitná voda
mineral water minerálka
waterfall vodopád
watermelon meloun
waterproof: *is it waterproof?* je to nepromokavé?
way: *is this the right way to...?* jde se tudy do...?
we my ; see GRAMMAR
weak *(tea, coffee)* slabý(-á/-é)
weather forecast předpověď počasí
web page webovská stránka
wedding ring snubní prsten
Wednesday středa
on Wednesday ve středu
week týden
2 weeks dva týdny
next week příští týden
last week minulý týden
weekday pracovní den
on weekdays v pracovní dny
weekend víkend
at the weekend o víkendu
for the weekend na víkend
weight váha
welcome! vítáme vás!
well dobře
not well není dobře
well-done *(meat)* dobře propečené
Welsh *adj* velšský(-á/-é)
I'm Welsh jsem z Walesu
west západ

wet mokrý(-á/-é)
wetsuit neoprenový oblek
what co
what is it? co to je?
wheel kolo
wheelchair vozíček
when? kdy?
where? kde?
which který(-á/-é)
which is it? který to je?
while: *in a while* za chvíli
white bílý(-á/-é)
who? kdo?
who is it? kdo je to?
whole celý(-á/-é)
wholemeal bread celozrnný chleba
why? proč?
wide široký(-á/-é)
wife manželka
my wife moje manželka
your wife vaše manželka
window okno
(of shop) výloha
windscreen přední sklo
windsurfing windsurfing
can we go windsurfing? můžeme jít surfovat?
windy: *it's windy* je vítr
wine víno
red wine červené víno
white wine bílé víno
wine bar vinárna
wine list vínný lístek
winter zima
in winter v zimě
with s
with ice s ledem
without bez

u

ovat

k nefunguje to

rsi

rth: *it's worth…* má to cenu…

to wrap balit

wrapping paper balicí papír

to write psát

please write it down zapište si to, prosím

writing paper dopisní papír

wrong špatný(-á/-é)

what's wrong? co s tím je?

this is wrong to je špatně

X

x-ray rentgen

Y

yacht jachta

year rok

5 years pět let

this year tento rok

next year příští rok

last year minulý rok

yellow žlutý(-á/-é)

yes ano

yesterday včera

yet ještě

not yet ještě ne

yoghurt jogurt

you ty ; vy ; *see* GRAMMAR
young mladý(-á/-é)
too young příliš mladý
your *(sing.informal)* **(m/f/nt/)** tvůj/tvoje/tvoje
(plural ; polite) **(m/f/nt/)** váš/vaše/vaše
youth hostel ubytovna

Z

zero nula
zip zip
zoo zoo

A

a and
adaptér *m* adaptor
adresa *f* address
  adresa domů *f* home address
advokát(ka) attorney
agentura *f* agency
ahoj hello ; hi! ; bye!
alkohol *m* alcohol
ambulance *f* surgery
Amerika *f* America
americký(-á/-é) *adj* American
anglický(-á/-é) *adj* English
  anglická játra *f* grilled liver
  anglická slanina *f* bacon
angličtina *f* English *(language)*
Anglie *f* England
angrešt *m* gooseberry
ano yes
antikoncepce *f* contraception
antikvariát *m* second-hand bookshop
architektura *f* architecture
ateliér *m* studio
aukce *f* auction
auto *nt* car
autobus *m* bus ; coach
autobusová stanice *f* bus stop
autobusové nádraží *nt* bus station
autokar *m* coach
autokempink *m* camping ; caravan site
automat *m* vending machine
autoopravna *f* garage ; car repair service
autostop *m* hitchhiking

B

bábovka *f* traditional sponge cake
bačkory *pl* house slippers
balet *m* ballet

balicí papír *m* wrapping paper
balíček *m* packet
balík *m* parcel
balit to wrap
balkón *m* balcony
banán se šlehačkou *m* banana with whipped cream
banka *f* bank
bankomat *m* cash dispenser
bankovka *f* banknote
bar *m* nightclub ; bar
barevný(-á/-é) coloured ; in colour ; colourful
barokní Baroque
barva *f* colour ; dye
bas *m* bass
baterie *f* battery
baterka *f* torch
batoh *m* rucksack
bavit se to enjoy oneself ; to have a good time
bavlna *f* cotton
bazar *m* second-hand goods shop
bazén *m* swimming pool
Becherovka *f* herb liqueur from Karlovy Vary
bedna *f* box ; chest
běhat to run
beletrie *f* fiction
benzín *m* petrol
benzínová pumpa *f* petrol station
bez without
bezmasá jídla *pl* vegetarian dishes
bezpečný(-á/-é) safe
bezplatný(-á/-é) free of charge
běžky cross-country skis
béžový(-á/-é) beige
biftek s vejcem *m* beefsteak with fried egg
bílek *m* egg white
bílý(-á/-é) white
  bílé víno *nt* white wine
bitva *f* battle

bižutérie *f* jewellery
blahopřání *nt* best wishes ; congratulations
blatenské zlato *nt* slightly sharp cheese
blatník *m* wing ; mudguard
blbý(-á/-é) idiotic ; silly ; stupid
blesk *m* flash ; lightning
blízko near ; close by
blok *m* writing pad ; block of flats
blůza *f* blouse
bod varu *m* boiling point
bohatý(-á/-é) rich ; abundant ; eventful
bohoslužba *f* church service
bochník *m* loaf
bok *m* waist ; side
bolavý(-á/-é) sore ; aching
bolest *f* pain ; ache
bolest hlavy *f* headache
bolest zubů *f* toothache
bolest v krku *f* sore throat
bolestivý(-á/-é) painful
bolet to hurt ; to ache
bonbón *m* sweet
borůvka *f* bilberry
bota *f* shoe
bouda *f* chalet ; cabin ; hut ; kennel
bouře *f* storm
box *m* boxing
brak *m* rubbish ; junk
brambor *m* potato
bramborák *m* potato pancake
bramborová kaše *f* potato puree
bramborové knedlíky *pl* potato dumplings
bramborové krokety *pl* potato croquettes
bramborový salát *m* potato salad
brána *f* gate
brankář *m* goalkeeper
brát to take
bratr *m* brother

bratranec *m* cousin *(male)*
broskev *f* peach
brouk *m* beetle
broušené sklo *nt* cut glass
brožovaný(-á/-é) in paperback
brožura *f* brochure ; booklet
brusinka *f* cranberry
brusle *pl* skates
bruslit to skate
brýle *pl* glasses ; spectacles
brzda *f* brake
brzdit to brake
brzy soon ; early
břeh *m* bank *(of river, etc)* ; shore
březen *m* March
břicho *nt* stomach
bůček *m* pork belly
budík *m* alarm clock
budit to wake up
budova *f* building
bufet *m* snack bar ; cafeteria
bůh *m* God
buchta *f* bun ; cake
  buchty s povidly *pl* buns filled with plum jam
  buchty s tvarohem *pl* buns filled with cottage cheese
bujón *m* consommé
bunda *f* jacket ; anorak
burčák *m* alcoholic wine must
burský oříšek *m* peanut
burza *f* stock-exchange
busola *f* compass
bydlet to live ; to stay
bydliště *nt* place of residence
bylina *f* herb
byt *m* flat
být to be
bytná landlady

celní customs
  celní poplatek *m* customs duty
celnice *f* customs
celodenní all-day ; whole day
celostátní national ; nationwide
celý(-á/-é) whole ; entire ; all
  celý den all day
cena *f* price ; cost
  v ceně included in price
ceník *m* price list
cenová skupina *f* price category
cennosti *pl* valuables
cenný(-á/-é) valuable
centrála *f* switchboard
cesta *f* way ; road ; trip
cestopis *m* travel book
cestování *nt* travelling
cestovat to travel
cestovatel *m* traveller
cestovní travelling
  cestovní kancelář *m* travel agency
  cestovní pas *m* passport
  cestovní výlohy *pl* travel expenses
cibule *f* onion
cigareta *f* cigarette
cikánská pečeně *f* Gypsy-style ham *(spicy crust)*
cirkev *f* church *(i.e. the Catholic Church)*
cirkus *m* circus
citron *m* lemon
cizí strange ; foreign
cizina *f* foreign country
  cestovat do ciziny to travel abroad
cizinec *m* foreigner *(male)*
cizinka *f* foreigner *(female)*
cizojazyčný(-á/-é) in a foreign language
clo *nt* customs ; duty
  podléhající clu subject to duty
  beze cla duty-free

co what ; which
cukr *m* sugar
krystalový cukr granulated sugar
práškový cukr castor sugar
cukrárna *f* confectionery
cukrová vata *f* candyfloss
cukroví *pl* sweets
cvičení *nt* exercise ; practice ; training
cyklista *m* cyclist
čaj *m* tea
čas *m* time
časopis *m* magazine ; periodical ; journal
část *f* part ; portion
částečně partly
částečný(-á/-é) partial
částka *f* sum
často often ; frequently
Čech *m* Czech *(male)*
Čechy Bohemia
čekárna *f* waiting room
čepice *f* cap
černobílý(-á/-é) black-and-white
černý(-á/-é) black
černé pivo *nt* dark beer
čerpací stanice *f* petrol station
čerstvý(-á/-é) fresh
čerstvě natřeno wet paint
červen *m* June
červenec *m* July
červený(-á/-é) red
červené víno *nt* red wine
Češka *f* Czech *(female)*
Česká filharmonie *f* Czech Philharmonic Orchestra
Česká republika *f* Czech Republic
český(-á/-é) *adj* Czech ; Bohemian
mluvíte česky? do you speak Czech?
česnek *m* garlic
čeština *f* Czech *(language)*
činohra *f* play ; drama company

číslice *f* figure ; digit
číslo *nt* number
č. *abbr.* number *(formal letter)*
jednotné číslo singular
množné číslo plural
číst to read
čistit to clean
čisticí prostředek *m* detergent
čistírna *f* dry-cleaner's
čistý(-á/-é) clean
číšnice *f* waitress
číšník *m* waiter
článek *m* article
člověk *m* man ; person
člun *m* boat *(small)*
motorový člun motorboat
čočka *f* lens ; lentils
čočková polévka *f* lentil soup
čokoláda *f* chocolate
čokoládová zmrzlina *f* chocolate ice-cream
ČR Czech Republic
čtrnáct dní fortnight
čtvrt *f* quarter
čtvrť *f* district
čtvrtek *m* Thursday
čtyřhra *f* double

D

ďabelské tousty spicy toast
dabovat to dub
dále! come in!
daleko a long way ; far
dálnice *f* motorway
dálniční nálepka *f* motorway sticker
další next ; following
dáma *f* lady
dámský(-á/-é) lady's
dámské prádlo *nt* ladies' underwear ; lingerie

dámy ladies' *(toilet)*
dárek *m* present ; gift
dáseň *f* gum
datle *pl* dates *(fruit)*
datum *nt* date *(day)*
datum narození *nt* date of birth
datum vydání *nt* date of issue
dávat to give
 dávat si pozor to be careful
dávka *f* dose ; ratio
dávno long ago
dcera *f* daughter
debrecínská pečeně *f* Hungarian-style ham *(spicy crust)*
dědeček *m* grandfather
dechová hudba *f* brass-band music
deka *f* blanket
děkovat to thank
 děkuji vám thank you
dělat to make ; to do
délka *f* length
den *m* day
 všední den working day
denně *adj* daily
deset ten
desetikoruna *f* ten-crown coin
deska *f* board ; plank ; record
déšť *m* rain
deštník *m* umbrella
dětský(-á/-é) child's ; children's ; baby's
 dětský pokoj *m* children's room
 dětský lékař *m* paediatrician
devět nine
devizy *pl* foreign currency
 devizové předpisy *pl* foreign exchange regulations
dezert *m* dessert
DPH VAT
diapozitiv *m* slide ; transparency
diář *m* diary
dieta *f* diet
 mít dietu to be on a diet

díl *m* portion ; share
náhradní díl *m* spare part
dílna *f* workshop
dílo *nt* work
umělecké dílo work of art
diskotéka *f* disco
dítě *nt* child ; baby
divadlo *nt* theatre
divadelní hra *f* play
loutkové divadlo *nt* puppet theatre
dívat se to look at ; to watch
dívka *f* girl
dle výběru of your choice
dlouhý(-á/-é) long ; tall
na dlouhou dobu for a long time
dnes today
dnes ráno this morning
dnes odpoledne this afternoon
dnes večer tonight
do to ; into ; in ; until ; by
do Prahy to Prague
do konce týdne by the end of the week
dobírka *f* cash on delivery (COD)
poslat na dobírku to send something COD
dobrou chuť! enjoy your meal!
dobrý(-á/-é) good
dobrý den hello
dobře well
dočasný(-á/-é) temporary
dočasná stanice *f* temporary stop
dočasně zrušen temporarily not in service
dodací lhůta *f* time of delivery
dohromady altogether
doklad *m* document ; receipt
doktor(ka) *m/f* doctor
doleva to the left
dole down
doma at home
domácí *m/f* landlord ; landlady
domácí štrúdl *m* home-made apple strudel

domácí víno *nt* home-made wine
domácnost *f* household
  potřeby pro domácnost *pl* kitchenware
donést to bring
dopis *m* letter
  dopisní papír *m* writing paper
  doporučený dopis *m* registered letter
doplňky *pl* accessories
dopoledne morning ; in the morning
doprava to the right
doprava *f* transport
dort *m* cake
dospělý(-á/-é) adult ; grown-up
dost enough
dostavit se to appear ; to show up
doutník *m* cigar
dovnitř inside
dovolená *f* holiday ; day off
DPH VAT
dráha *f* course ; track ; railway
  lyžařská dráha *f* ski track ; ski run
drahokam *m* gem ; precious stone
drahý(-á/-é) expensive ; dear
dražba *f* auction
drobné *pl* small change
  nechte si drobné keep the change
drogerie *f* shop selling toiletries
droždí *nt* yeast
drůbež *f* poultry
druh *m* sort ; type ; kind
dřevo *nt* wood
dřevěná hračka *f* wooden toy
dub *m* oak
  dubový nábytek *m* oak furniture
duben *m* April
důležitý(-á/-é) important
dům *m* house
dušený(-á/-é) steamed ; stewed
dva two

dvakrát twice
dveře *pl* door
dvoulůžkový pokoj *m* double room
dýmka *f* pipe
dýně *f* pumpkin
džem *m* jam
pomerančový džem marmalade
džínsy *pl* jeans

E

Eidam *m* Edam cheese
elektřina *f* electricity
elektrický proud *m* electric current
elektrický spotřebič *m* electrical appliance
e-mailová adresa e-mail address
Eurošek *m* Eurocheque
evropský(-á/-é) European
expresní vlak express train

F

fax *m* fax
fazole *f* bean
festival *m* festival
filmový festival film festival
fialový(-á/-é) violet ; purple
filé fillet
film *m* film
celovečerní film *m* feature film
kreslený film *m* cartoon
vyvolání filmu *nt* film development
fix *m* felt-tipped pen
fontána *f* fountain
formulář *m* form
vyplnit formulář to fill in a form
fotbal *m* football
fotbalový zápas *m* football match
fotoaparát *m* camera

F

fotografie *f* photo
barevná fotografie *f* colour photo
černobílá fotografie *f* black-and-white photo
fotografovat to take photos
froté ručník *m* terry-towel
fungovat to function ; to work

G

galantérie *f* haberdashery ; fancy goods
galerie *f* art gallery
generální zkouška *f* dress rehearsal
Gothaj *m* soft salami
gotický(-á/-é) Gothic
gramofon *m* record player
granát *m* garnet
český granát *m* Bohemian garnet
grog *m* grog
guma *f* rubber
prádlová guma *f* elastic
guláš *m* goulash
chilli gulá very spicy goulash

H

hal. *f abbrev. of* **halíř**
hala *f* hall ; corridor ; lounge
hotelová hala *f* hotel lounge
halíř *m* heller *(100 hal. = 1 koruna)*
haló? hello? *(on telephone)*
hasicí přístroj *m* fire-extinguisher
havárie *f* breakdown ; crash ; accident
havarijní pojištění *nt* general accident insurance
hedvábí *nt* silk
helma *f* helmet
Hermelín *m* type of Camembert cheese
Herkules *m* hard spicy salami
hezký(-á/-é) pretty ; nice ; good-looking
hlad *m* hunger
hlava *f* head

hlavní main ; chief ; principal
hlavní chod *m* main course
hlavní město *nt* capital city
hledat to look for
hluk *m* noise
hlučný(-á/-é) noisy ; loud
hnědý(-á/-é) brown
  hnědé uhlí *nt* brown coal ; lignite
hodina *f* hour
  kolik je hodin? what's the time?
hodinky *pl* watch
hodiny *pl* clock
  sluneční hodiny *pl* sundial
hodně very ; a lot ; much
hodnotný(-á/-é) valuable
hodný(-á/-é) good ; worthy of
hokej *m* ice hockey
  pozemní hokej *m* field hockey
holení *nt* shaving
  krém po holení *m* shaving cream
holičství *nt* barber's
hora *f* mountain
horečka *f* fever
horký(-á/-é) hot
  horká čokoláda *f* hot chocolate
horolezectví *nt* mountaineering
horský mountain
  horská služba mountain rescue service
hořčice *f* mustard
hořet to burn ; to blaze
  hořil! fire!
hořký(-á/-é) bitter
  hořká čokoláda *f* dark chocolate
hospoda *f* pub
host *m* guest
hostina *f* feast
hotel *m* hotel
hotovost *f* cash
  platit v hotovosti to pay cash
hotový(-á/-é) ready
  hotová jídla *pl* ready-made dishes

houba *f* mushroom
houbová omáčka *f* mushroom sauce
houbová polévka *f* mushroom soup
houska *f* roll
houskový knedlík *m* bread dumpling
housle *pl* violin
  hrát na housle to play the violin
hovězí beef
  hovězí pečeně *f* roast beef
  hovězí plátek *m* sliced beef
  hovězí polévka *f* beef soup
  hovězí vývar *m* beef consommé
hovořit to speak ; to talk ; to discuss
hra *f* play ; game
hrací automat jukebox ; slot machine
hračka *f* toy
  hračkářství *nt* toyshop
hrad *m* castle
hrách *m* peas
hranice *f* frontier ; border
hraniční přechod *m* border crossing
hranolky *pl* chips
hrášek *m* green peas
hrát to play ; to perform
hrnec *m* pot
hrnek *m* cup ; mug
hrob *m* grave
hrobka *f* crypt ; vault ; tomb
hroznové víno *nt* grapes
hrozny *pl* grapes
hrozný(-á/-é) awful ; terrible
hrtan *m* throat
hruška *f* pear
hřbitov *m* cemetery
hřeben *m* comb ; ridge *(of mountain)*
hřebíček *m* clove
hřebík *m* nail *(iron)*
hřib *m* edible wild mushroom
hřiště *nt* playground
  tenisové hřiště *nt* tennis court

bike, etc)

tory

chalupa *f* cottage ; hut
chata *f* hut ; cottage
chilli guláš *m* very spicy goulash
chirurg *m* surgeon
chladný cool ; cold
chlapec *m* boy ; boyfriend
chleba *m* bread
  opékaný chleba *m* toast ; fried bread
chod *m* course *(of food)*
chodba *f* corridor ; passage ; hall
chodit to go ; to walk
chodník *m* pavement
chrám *m* cathedral ; church
chrup *m* teeth
  umělý chrup *m* dentures
chřest *m* asparagus
chřipka *f* influenza ; flu
chtít to want
chuť *f* taste ; flavour ; appetite
  dobrou chuť! enjoy your meal!
chyba *f* mistake ; error ; fault
chybět to miss ; to be absent

I

igelit *m* plastic
ihned at once ; immediately
infarkt *m* heart attack
infekce *f* infection
  infekční nemoc *f* infectious disease
informace *f* information

I

informovat se to ask for information
injekce *f* injection
instalatér *m* plumber
internetová kavárna Internet cafe
inzerát *m* advertisement
Ir(ka) Irishman (woman)
Irsko *nt* Ireland
irský(-á/-é) *adj* Irish

J

já I
jablko *nt* apple
jablkový závin *m* apple pastry/strudel
jahoda *f* strawberry
jak how
jako as ; like
jaký what ; which
jaro *nt* spring *(season)*
játra *pl* liver
játrová paštika *f* liver pâté
játrové knedlíčky *pl* liver dumplings
jazyk *m* language ; tongue
jeden one
jedlý(-á/-é) edible
jednobarevný(-á/-é) plain
jednosměrná ulice *f* one-way street
jedovatý(-á/-é) poisonous
jehla *f* needle
jehněčí lamb *(meat)*
jemný(-á/-é) fine ; soft ; delicate
jen pro... only for...
jet to go ; to travel
...jede jen do stanice... ...terminates at...
jezero *nt* lake
jídelna *f* cafeteria ; dining room
jídelní lístek *m* menu
jídelní příbor cutlery
jídelní vůz *m* dining car

jídla na objednávku *pl* dishes to order
jídlo *nt* food ; meal ; dish
jih south
jiný(-á/-é) other ; another ; different
jíst to eat
jít to go ; to walk
jízdenka *f* ticket *(for bus, train, etc)*
jízdní řád *m* timetable
jmeniny *pl* nameday ; saint's day
jméno *nt* name
  křestní jméno *nt* first name
  rodné jméno *nt* maiden name ; née
jogurt *m* yoghurt

K

k to ; towards ; for
kabát *m* coat
kabelka *f* handbag
kadeřnictví *nt* hairdresser's
kachna pečená s... *f* roast duck with...
kakao *nt* cocoa
kalendář *m* calendar
kalhotky *pl* underpants
  dámské kalhotky *pl* knickers
kalhoty *pl* trousers
kam where
kamarád(ka) *m/f* friend
kámen *m* stone ; rock
kamera *f* video-camera
kamion *m* truck
Kanada Canada
Kanadský (-á/-é) Canadian
kancelář *f* office
  cestovní kancelář *f* travel agency
kánoe *f* canoe
kapalina *f* liquid ; fluid
kapesní pocket
  kapesní nůž *m* pen-knife
  kapesní zloděj *m* pick-pocket

K

kapesník *m* handkerchief
kapr na kmíně *m* carp with caraway seeds
kapr smažený *m* fried carp
kapsa *f* pocket
kapsář *m* pick-pocket
kapusta *f* cabbage
  růžičková kapusta *f* brussels sprouts
karamela *f* caramel
karanténa *f* quarantine
karát *m* carat
karbanátek *m* hamburger
kari *nt* curry
karosérie *f* body *(car)*
karta *f* card
kartač *m* brush
kartáč na vlasy *m* hairbrush
kartáček na zuby *m* toothbrush
kaše *f* purée
  bramborová kaše *f* potato purée
kašel *m* cough
kašna *f* fountain
kaštan *m* chestnut
katedrála *f* cathedral
káva *f* coffee
kavárna *f* café
kazeta *f* cassette ; cartridge
každodenní daily ; every day
každý(-á/-é) every ; each
Kč ***abbrev. of*** koruna
kde where
kdo who ; which
kdy when
kečup *m* ketchup
kedluben *m* kohlrabi *(cabbage)*
kino *nt* cinema
kladivo *nt* hammer
klavír *m* piano
klenoty *pl* jewellery
klenotnictví *nt* jeweller's

kleště *pl* pincers ; tongs ; pliers
klíč *m* key
klimatizace *f* air-conditioning
klobása *f* sausage
klobouk *m* hat
kloub *m* joint ; knuckle
kluzký(-á/-é) slippery
kluziště *nt* skating rink
kmín *m* caraway seeds
knedlík *m* bread dumpling
knedlík s vejci a okurkou *m* fried bread dumpling with eggs and gherkins
kniha *f* book
knihkupectví *nt* bookshop
knihovna *f* library ; bookcase
koberec *m* carpet
kobliha *f* doughnut
kočka *f* cat
koktejl *m* cocktail
kola Coke® ; cola
koláč *m* cake ; tart
kolej *f* rail ; hostel
kolek *m* stamp *(for tax)*
kolik? how much? ; how many?
kolo *nt* wheel ; bicycle
kompaktní disc *m* compact disc
kompot *m* stewed fruit
koňak *m* brandy ; cognac
koncert *m* concert
kondenzované mléko *nt* evaporated milk
kondom *m* condom
konečná stanice *f* terminus
konfekce *f* ready-made clothes
kontaktní čočky *pl* contact lenses
konto *nt* account
konvice *f* pot ; kettle
konzerva *f* tin ; can
kopaná *f* football
kopec *m* hill

kopie *f* copy
koprová omáčka *f* dill sauce
koruna *f* crown *(Czech/Slovak currency)*
kořeněný(-á/-é) spicy ; seasoned
koření *nt* spices
kostel *m* church
košile *f* shirt
noční košile *f* nightdress
kotleta *f* chop ; cutlet
koupací čepice *f* swimming cap
koupaliště *nt* swimming pool
koupelna *f* bathroom
koupit to buy
kouření *nt* smoking
kouření zakázáno no smoking
kousek *m* piece ; bit
kožešnictví *nt* furrier's
krabice *f* box ; case
krádež *f* theft
krajina *f* scenery ; countryside
král *m* king
královna *f* queen
krásný(-á/-é) beautiful ; wonderful
krátký(-á/-é) short ; brief
kreditní karta *f* credit card
krejčovství *nt* tailor's
krém *m* cream ; custard
krev *f* blood
krevní skupina *f* blood group
krevní zkouška *f* blood test
krokety *pl* croquettes
kruhový objezd roundabout
krůta *f* turkey
krůtí prsa s broskví *pl* turkey breast with peach
krvácet to bleed
křen *m* horse-radish
křestní list *m* birth certificate
křižovatka *f* crossing
železniční křižovatka *f* junction

který(-á/-é) what ; which
kufr *m* suitcase
kuchařka *f* cook *(female)* ; cookery book
kuchyně *f* kitchen ; cuisine
kulečník *m* billiards
kůň *m* horse
kupé *nt* compartment *(on train)*
kupón *m* voucher ; coupon
kurs *m* exchange rate
kursovní lístek *m* list of exchange rates
kuře *nt* chicken
kuřecí prsa s ananasem *pl* chicken breast with pineapple
kůže *f* leather ; skin
kvasnice *pl* yeast
květák *m* cauliflower
květen *m* May
květina *f* flower
květinářství *nt* florist's
kyselé zelí *nt* sauerkraut
kyvadlová doprava *f* shuttle bus

L

labužník *m* gourmet
láhev *f* bottle
lahůdky delicatessen
lahvové pivo *nt* bottled beer
lak *m* paint ; varnish
lanovka *f* cable railway ; funicular
lavina *f* avalanche
lázně *pl* public baths ; spa
léčebna *f* sanatorium
léčit to treat ; to cure
led *m* ice
leden *m* January
lednička *f* fridge
ledvinka *f* bumbag
ledvinky *pl* kidneys
legitimovat se to prove one's identity

lehátkový vůz sleeping car
lehátko *nt* couchette ; deck chair
lék *m* medicine ; drug
  lék proti bolesti *m* painkiller
lékárna *f* pharmacy
lékárnička *f* first-aid kit
lékař(ka) *m/f* doctor
  všeobecný lékař *m* general practitioner
  zubní lékař dentist
lékařská prohlídka *f* check up
lékařský předpis *m* prescription
lepidlo *nt* glue
lepší better
les *m* wood ; forest
let *m* flight
letadlo *nt* plane
letecky by air mail
letenka *f* air ticket
letiště *nt* airport
letní kino *nt* open-air cinema
léto *nt* summer
letuška *f* air hostess
levný(-á/-é) cheap
levý(-á/-é) left
libra *f* pound
lidé *pl* people
lidová píseň *f* folk song
lidová řemesla *pl* country crafts
lidový tanec *m* folk dance
lihoviny *pl* spirits
likér *m* liqueur
limonáda *f* lemonade ; soft drink
linecké koláčky *pl* latticed jam tarts
lístek *m* ticket
listopad *m* November
listovní zásilky *pl* letters ; postcards ; mail
litr *m* litre
loď *f* ship ; boat
Londýn *m* London

loutka *f* puppet
loutkové divadlo *nt* puppet theatre
lůžkový vůz *m* sleeping car
lyžařský(-á/-é) ski-
lyžařské boty *pl* ski boots
lyžařské hole *pl* ski poles
lyžařské vázání *nt* ski binding
lyžařské vybavení *nt* ski equipment
lyžařský vlek *m* ski lift
lyže *pl* skis
lyžovat to ski
lžíce *f* spoon
lžička teaspoon

M

magnetofon *m* tape recorder
majonéza *f* mayonnaise
majolka *f* mayonnaise
malina *f* raspberry
malíř *m* painter
malířství *nt* painting
málo little ; a few
malovat to paint ; to decorate
malý(-á/-é) small ; little
máma *f* mummy
mandarinka *f* tangerine
mandle *f* almond
manšestrové kalhoty *pl* corduroy trousers
manžel *m* husband
manželka *f* wife
manželská postel *f* double bed
manžetové knoflíky *pl* cufflinks
mapa *f* map
máslo *nt* butter.
maso *nt* meat ; flesh
masová konzerva *f* tinned meat
mast *f* ointment
med *m* honey

meloun *m* **water melon**
měna *f* **currency**
méně less
menstruační vložky *pl* **sanitary towels**
menší smaller ; lesser
měsíc *m* **moon ; month**
jednou za měsíc **once a month**
meruňka *f* **apricot**
město *nt* **town ; city**
hlavní město *nt* **capital**
metro *nt* **underground ; metro**
mezinárodní international
mezinárodní jízdenky international tickets
mezistátní international
MHD *f* **public transport**
míč *m* **ball**
milovat to love
milý(-á/-é) dear ; nice ; pleasant
mimo except
mimo pondělí **except Monday**
mince *f* **coin**
minerálka *f* **mineral water**
minulý(-á/-é) last ; previous
minutky *pl* **grilled/short-order dishes**
míra *f* **measure ; measurement**
místenka *f* **seat reservation**
místní local
místnost *f* **room**
místo *nt* **room ; place ; spot**
Míša *m* **ice lolly made of curd cheese**
mít to have ; to possess
mít raději to prefer
mladý(-á/-é) young
mléčný bar *m* **milk bar**
mléčná čokoláda *f* **milk chocolate**
mléčný koktejl *m* **milkshake**
mléčné výrobky *pl* **dairy products**
mléko *nt* **milk**
mleté maso *nt* **mince**

mlha *f* fog ; mist
mluvit to speak ; to talk
mnoho much ; many ; a lot of
množné číslo *nt* plural
množství *nt* quantity ; amount
móda *f* fashion ; style
módní doplňky *pl* fashion accessories
módní přehlídka *f* fashion show
modrý(-á/-é) blue
Morava *f* Moravia
moravský(-á/-é) Moravian
  moravská sudová vína Moravian cask wines
moře *nt* sea
most *m* bridge
mošt *m* apple must
motocykl *m* motorcycle
motor *m* motor ; engine
motorový člun *m* motor boat
moucha *f* fly
moučník *m* sweet ; dessert
mouka *f* flour
mraznička *f* freezer
mražený(-á/-é) frozen
mrkev *f* carrot
mše *f* mass
můj my ; mine
muset to have to
muzeum *nt* museum
muzikál *m* musical
muž *m* man ; male
muži gents' *(toilet)*
my we ; us
mýdlo *nt* soap
myslet to think

N

na on ; to ; at
  zastávka na znamení request stop

nabízet to offer
  nabízíme... we offer...
nábřeží *nt* embankment
  nábř. *abbr.* quay *(formal letter)*
nábytek *m* furniture
nachlazení cold *(illness)*
nad above ; over
nadjezd *m* overhead crossing ; flyover
nádobí *nt* crockery ; pots and pans
nádraží *nt* railway station
nádivka *f* stuffing *(turkey)*
nadúrovňová křižovatka *f* flyover
nádvoří *nt* courtyard
nafta *f* oil ; diesel
nahoru upstairs ; up
náhrada *f* compensation ; refund
náhradní díl *m* spare part
náhubek *m* muzzle
nájem *m* hire ; rent ; lease
nakažlivý(-á/-é) infectious
nakládaná zelenina *f* pickle
nakladatelství *nt* publishing house
nákupní středisko *nt* shopping centre
nalevo on the left
náměstí *nt* square
  nám. *abbr.* square *(formal letter)*
nanuk *m* ice lolly
náplast *f* plaster
náplň *f* refill ; filling ; cartridge
nápoje *pl* beverages ; drinks
napravo on the right
naproti opposite
náprsní taška *f* wallet
např. e.g.
národní national
národnost *f* nationality
narození *nt* birth
narozeniny *pl* birthday
nářadí *nt* tools

nástěnná malba *f* mural
nastoupit do vlaku to board *(a train)*
nástup *m* boarding
nástupiště *nt* platform
naučná stezka *f* nature trail
navštívenka *f* visiting card ; card
ne no ; not
nealkoholický(-á/-é) non-alcoholic
nebezpečný(-á/-é) dangerous
  na vlastní nebezpečí at one's own risk
něco something
neděle *f* Sunday
nedělní prodej *m* open on Sunday
nehoda *f* accident
nejlepší best
nekuřák *m* non-smoker
nelze it is not possible
nemocnice *f* hospital
nemocný(-á/-é) ill ; sick
neplatný(-á/-é) not valid
neprůjezdná oblast closed to traffic
nepřestupný tarif *m* single journey only
nepřítomnost *f* absence
nevyplňujte prosím please leave blank
nezdaněný(-á/-é) tax-free
nic nothing
nikdo nobody
nikdy never
Niva *f* type of blue cheese
noc *f* night
  celou noc all night
noční podnik *m* night-club
nosnost *f* maximum load
nouzový východ *m* emergency exit
noviny *pl* newspaper
nový(-á/-é) new
nula *f* zero ; nought ; nil
nůž *m* knife
nyní now ; at present

O

o about ; of ; at
o vánocích at Christmas
oba both
obalený(-á/-é) coated in breadcrumbs
občanský průkaz *m* identity card
občasný(-á/-é) occasional
občerstvení *nt* refreshments
oběd *m* lunch ; dinner
obědvat to have lunch
obchod *m* shop ; business
obchodní dům *m* department store
obilniny *pl* cereals
objezd *m* roundabout
objížďka *f* diversion
oblast *f* region ; area
oblečení *nt* clothes
obloha *f* sky
obložené chlebíčky *pl* small open sandwiches
obraz *m* picture
obsazeno engaged *(phone, etc)* ; full ; occupied
obsah *m* contents ; plot ; volume
obsluha *f* service ; attendance
obuv *f* footwear
obývací pokoj *m* living room
očkování *nt* vaccination
oční lékař(ka) *m/f* oculist
od ... do from ... to
odbočka doprava *f* turning to the right
oddělení *nt* department ; ward
oddělení ztrát a nálezů *nt* lost and found office
odejít to go away ; to leave *(on foot)*
odjet to leave *(by means of transport)*
odjezd *m* departure *(by train, bus)*
odlet *m* departure *(by plane)*
odpadky *pl* litter ; rubbish
odpoledne *nt* afternoon ; in the afternoon
oheň *m* fire

ochranný pás *m* safety belt
ochutnávka vín *f* wine tasting
ojetý vůz *m* second-hand car
okno *nt* window
oko *nt* eye
okolí *nt* neighbourhood
okres *m* district
okružní jízda *f* tour
okružní plavba lodí *f* sightseeing cruise
okurka *f* cucumber
  okurka kyselá *f* gherkin
olej *m* oil
olejovka *f* sardine
olomoucké tvarůžky *pl* very strong cheese
omáčka *f* sauce ; gravy
omeleta *f* omelette
omezení rychlosti *nt* speed limit
on he ; it
ona she ; it ; they
oni they
ony they
opalovat se to sunbathe
opékané brambory *pl* roast potatoes
opravna hodinek *f* watch repairer's
optika *f* optician
ordinace *f* surgery
ordinační hodiny *pl* surgery hours
ořechy *pl* nuts
orloj *m* astronomical clock
osoba *f* person
osobně personally
osobní vlak *m* passenger train
ostatní sortiment *m* miscellaneous
ošetření *nt* treatment
otázka *f* question
otec *m* father
otevřeno open
otevřít to open
otvírací doba *f* opening hours

O

otvírák na konzervy *m* tin opener
otvírák na láhve *m* bottle opener
ovoce *nt* fruit
ovocné knedlíky *pl* fruit dumplings
ovocný koláč *m* fruit tart
ovocný salát *m* fruit salad
označte si jízdenku punch your ticket

P

pacient *m* patient
padat to fall
palác *m* palace
palačinka *f* pancake
palec *m* thumb ; big toe
palivo *nt* fuel
památka *f* souvenir ; monument
památník *m* monument
pán *m* man ; Mr ; gentleman
  p. *abbr.* Mr *(formal letter)*
  pánské slipy *pl* men's briefs
paní *f* woman ; Mrs ; madam ; wife
  pí *abbr.* Mrs *(formal letter)*
páni *pl* gents' *(toilet)*
pantomima *f* mime
papír *m* paper
papírnictví *nt* stationer's
paprika *f* peppers ; paprika
paprikový salám *m* paprika salami
pár *m* pair ; couple
paragon *m* receipt
pardon! sorry! ; excuse me!
parfém *m* perfume
park *m* park
parkovací hodiny *pl* parking meter
parkování zakázáno no parking
parkoviště *nt* car park
párky *pl* frankfurters
parník *m* steamboat

port control

; storey

spider

(-á/-é) roasted ; baked

vo *nt* pastries ; baker's

edikúra *f* chiropody

pekařství *nt* baker's

pekárna *f* bakery

pěkný(-á/-é) nice ; fine ; pretty

peněženka *f* purse

peníze *pl* money

penzion *m* guest-house

pepř *m* pepper *(spice)*

permanentka *f* season ticket

perník *m* gingerbread

pero *nt* pen ; feather

pes *m* dog

pěšina pro chodce *f* footpath

pět five

petrolej *m* paraffin oil

petržel *f* parsley

pěvecký sbor *m* choir

pilulka *f* pill

písek *m* sand

písek *m* sand

píseň *f* song

piškot *m* sponge cake

pít to drink

pitná voda *f* drinking water

pivnice *f* pub

P

pivní sýr *m* beer cheese
pivo *nt* beer
pivovar *m* brewery
placený prostor *m* pay zone
placka *f* thick pancake
platit to pay
  platit v hotovosti to pay in cash
platný(-á/-é) valid
platnost končí... expires...
plavat to swim
  plavání zakázáno no swimming
plavecký bazén *m* swimming pool
plavky *pl* swimsuit
plechovka *f* tin ; can
plena *f* nappy
ples *m* dancing ball
  maškarní ples *m* fancy-dress ball
pletené zboží *nt* knitwear
pleťová voda *f* skin-lotion
plomba *f* filling *(for tooth)*
plovárna *f* swimming-pool
plnoletý(-á/-é) of age
plyn *m* gas
po after ; about ; over ; about
  po ulici along the street
pobočka *f* branch *(office)*
počasí *nt* weather
počítač *m* computer
pod under ; below
podchod *m* subway
podjezd *m* underpass
podlaží *nt* storey
podnik *m* firm ; enterprise
podnikatel *m* businessman ; entrepreneur
podpis *m* signature
podzim *m* autumn
pohár *m* ice-cream sundae ; goblet ; cup
pohled *m* view
pohlednice *f* postcard

pohonná hmota *f* fuel
pohraničí *nt* border area
pohřební ústav *m* undertaker's
pojistit to insure
pojištění *nt* insurance
pojišťovna *f* insurance company
pokladna *f* booking office ; box office
pokoj *m* room
pokojská *f* chambermaid
pokračovat to continue
pokuta *f* fine ; penalty
poledne *nt* noon ; midday
polední přestávka *f* lunch break
polévka *f* soup
policejní stanice *f* police station
policie *f* police
Poličan *m* kind of hard spicy salami
poliklinika *f* health centre
polotovary *pl* ready-to-cook food
pomalu slowly
pomalý(-á/-é) slow
pomazánka *f* spread
pomeranč *m* orange
pomerančový džem orange marmalade
pomník *m* monument
pomoc *f* help ; assistance
pondělí *nt* Monday
ponožky *pl* socks
poplatek *m* charge ; fee
pórek *m* leek
porcelán *m* china ; porcelain
poschodí *nt* floor
v prvním poschodí on the first floor
poslat poštou to send by post
poslední last ; latest
poslouchat to listen to
posluchárna *f* lecture hall
postel *f* bed
pošta *f* post office

P

poštovné *nt* postage
poštovní postal
poštovní poukázka *f* postal order
poštovní schránka *f* letter-box
potok *m* stream
potrava *f* food
potraviny *pl* grocer's
potřeby pro domácnost household goods
potvrzení *nt* receipt
pouze only
použitý(-á/-é) second-hand
povidla *pl* plum jam
povinný(-á/-é) compulsory
povolání *nt* occupation
povolení *nt* licence
  jen pro držitele povolení licence holders only
  povolení k pobytu *nt* residence permit
poznámky *pl* notes ; comments
poznávací značka *f* car number-plate
pozor *m* attention ; beware of
pozvání *nt* invitation
požár *m* fire
požární poplach *m* fire alarm
práce *f* work
pracovní doba *f* working hours
pracovní povolení *nt* work permit
pradlenka laundry ; laundrette
prádlo *nt* underwear
Praha Prague
  do Prahy to Prague
  v Praze in Prague
pravda *f* truth
pravidlo *nt* rule
právnička lawyer (woman)
právník lawyer (man)
pravý(-á/-é) right ; real ; true
Pražan(ka) *m/f* inhabitant of Prague
prázdniny *pl* school holidays
prázdný(-á/-é) empty ; vacant

premiéra *f* premiere *(film, theatre)*
prezervativ *m* condom
pro for ; because of
proclít to declare ; to clear customs
proč why
prodat to sell
prodej *m* sale
prodejna *nt* shop
prodejní automat *m* vending machine
program *m* programme
prohlídka *f* sightseeing ; visit
pronajmout to rent out
pronajmout si to rent
prosinec *m* December
prosím please ; excuse me ; you're welcome!
proti opposite ; against ; for
lék proti nachlazení **medicine for a cold**
protože because ; since
provádět to show round
provoz *m* traffic
provozní doba *f* business hours
prozatímní temporary
prst *m* finger
pršet to rain
průchod *m* passage *(for pedestrians)*
průjem *m* diarrhoea
průjezd *m* way through *(for vehicles)*
průkaz *m* identity card
řidičský průkaz *m* **driving licence**
průsmyk *m* pass
průvodce *m* guide *(person)* ; guidebook
průvodčí *m/f* conductor ; guard
první first
první pomoc *f* **first aid**
pryč away ; off ; gone
přání *nt* wish ; wishes
před before ; outside ; in front of
před poštou **outside the post office**
předčíslí *nt* dialling code

P

předem in advance ; beforehand
předjíždění *nt* overtaking
předkrm *m* starter ; hors d'œuvre
přední front
předpis *m* recipe ; prescription
předplatné subscription
předpověď *f* forecast
  předpověď počasí *f* weather forecast
předprodej *m* advance booking
předvařený(-á/-é) ready-cooked
přehrada *f* dam
přechod pro chodce *m* crossing
přechodný(-á/-é) temporary
přejezd *m* crossing ; level crossing
přejít ulici to cross the street
překročení rychlosti speeding
přepravní služby transport service
přes over ; across
  přes noc overnight
přesedat to change *(trains)*
přesnídávka *f* snack
přestávka *f* intermission ; interval ; break
přestože although
přestup na... change for... *(train, tram)*
přestupek *m* offence
příbor *m* knife and fork ; cutlery
přihláška *f* application form
příchod *m* arrival
příjemce *m* recipient ; receiver
příjezd *m* arrival
přijít to arrive
příjmení *nt* surname
přílet *m* arrival *(by plane)*
přiletět to arrive *(by plane)*
příliš too
příloha *pl* side dish ; supplement
přímo direct ; straight
přímý let *m* direct flight
přímý přenos *m* live broadcast

přímý vlak *m* through train
příplatek *m* extra charge
připravený(-á/-é) ready
přirážka *f* extra charge
příroda *f* nature ; countryside
přírodní natural
přírodní řízek *m* escalope
příručka *f* handbook ; manual
přistání *nt* landing *(of plane)*
přístav *m* port
přístroj *m* apparatus
přístup k hotelu *m* access to the hotel
příští next ; following
  příští zastávka *f* next stop
přítel *m* friend *(male)* ; boyfriend
přítelkyně *f* friend *(female)* ; girlfriend
přívěs *m* caravan ; trailer
přízemí *nt* ground floor
psací stroj *m* typewriter
psát to write
  psát na stroji to type
pstruh na másle *m* trout sautéed in butter
pták *m* bird
ptát se to ask
půjčovna *f* rental shop ; for hire
půl half
půllitr *m* half a litre
půlnoc *f* midnight
pumpička tyre/bicycle pump
punč *m* punch *(drink)*
putovní výstava *f* travelling exhibition

R

radnice *f* town hall
radost *f* pleasure ; joy
rajské jablíčko *nt* tomato
  rajská omáčka *f* tomato sauce
  rajská polévka *f* tomato soup
  rajská šťáva *f* tomato juice

raketa *f* **racket** *(for tennis)*
rameno *nt* **shoulder**
ramínko *nt* **coat hanger**
ráno *nt* **morning**
dnes ráno **this morning**
v pondělí ráno **on Monday morning**
rasismus *m* **racism**
razítko *nt* **rubber stamp**
poštovní razítko **postmark**
rebarbora *f* **rhubarb**
recepce *f* **reception**
recepční **receptionist**
recept *m* **prescription ; recipe**
redakce *f* **editor's office**
refrén *m* **chorus**
regál *m* **shelf**
reklama *f* **advertisement**
reklamace *f* **claim**
rekreační **holiday**
rekreační oblast *f* **holiday resort**
rekreant *m* **holiday maker**
renesanční **Renaissance**
repertoár *m* **repertoire**
repríza *f* **repeat ; re-run**
reprodukce *f* **print**
republika *f* **republic**
restaurace *f* **restaurant**
resumé *nt* **summary**
ret *m* **lip**
réva *f* **vine**
revizor *m/f* **inspector**
režie *f* **direction**
režisér **director** *(film, theatre)*
robot **robot ; food processor**
ročně **annually**
ročník *m* **volume ; class ; vintage**
rodiče *pl* **parents**
rodilý mluvčí *m* **native speaker**
rodina *f* **family**

rodiště *nt* birthplace
rodokmen *m* pedigree ; family tree
roh *m* horn ; corner
 na rohu on the corner
rohlík *m* bread roll
rok *m* year
 v příštím roce next year
 Šťastný Nový rok! Happy New Year!
rokokový(-á/-é) rococo *(in architecture)*
roláda *f* Swiss roll
Róm(ka) *m/f* Romany *(person)* ; Gypsy
román *m* novel
románský(-á/-é) Romance ; Romanesque
ropa *f* oil ; petroleum
rosol *m* jelly
rostlina *f* plant
rostlinný olej *m* vegetable oil
roštěná *f* braised steak
rozcestí *m* crossroads
rozebrat to take to pieces ; to take apart
 ta kniha je rozebraná the book is sold out
rozhlas *m* radio
rozhledna *f* look-out tower
rozinky *pl* raisins
rozumět to understand
rozvedený(-á) divorced
RTG *m* X-ray
ruční práce hand-made
ručník *m* towel
ruka *f* hand
rukavice *f* glove
rum *m* rum
rušný(-á/-é) busy
různý(-á/-é) different ; miscellaneous
růžičková kapusta *f* brussels sprouts
růžový(-á/-é) pink ; rose
ryba *f* fish
rybárna *f* fishmonger's
rybářský lístek *m* fishing permit

rybářský prut *m* fishing rod
rybí filé *nt* fish fillet
rybí polévka *f* fish soup
rybí salát *m* fish salad
rybíz *m* blackcurrants
rychle fast ; quickly
rychlík *m* fast/express train
rychločistírna *f* express dry cleaner's
rychloopravna *f* repairs while-you-wait
rychlost *f* speed ; gear
rychlý(-á/-é) quick ; fast
rýma *f* cold *(illness)*
  dostat rýmu to catch a cold

Ř

řada *f* row *(line)*
řeč *f* language ; speech
ředitel *m* director ; headmaster ; manager
ředkvička *f* radish
řeka *f* river
řetízek *m* chain
řezané pivo *nt* light and dark beer mixture
řeznictví *m* butcher's
říci to say
řidič(ka) *m/f* driver
řidičský průkaz *m* driving licence
říjen *m* October
řízek *m* Wiener schnitzel

S

s with
sáček *m* bag
sada *f* set
sádlo *nt* lard
sako *nt* jacket ; blazer
sál *m* hall
salám *m* salami

salát *m* salad ; lettuce
sám alone ; by oneself
samoobsluha *f* self-service shop
sanitka *f* ambulance
saponát *m* detergent
sardinka *f* sardine
satelit *m* satellite
sauna *f* sauna
sázená vejce *pl* fried eggs
secesní art nouveau
sedadlo *nt* seat
sedm seven
sednout si to sit down
segedínský guláš *m* pork goulash with sauerkraut in cream sauce
sekaná *f* meatloaf
sekt *m* sparkling wine
semafor *m* traffic lights
semiš *m* chamois leather
sendvič *m* sandwich
servírka *f* waitress
sestra *f* sister ; nurse
sestřenice *f* cousin
sešit *m* exercise book
setkání *nt* meeting
sever *m* north
seznam *m* list
sezóna *f* season
schod *m* stair ; step
  po schodech dolů downstairs
  po schodech nahoru upstairs
schodiště *nt* staircase
sídliště *nt* housing estate
sifon *m* soda water
silnice *f* road
Silvestr *m* New Year's Eve
sjízdný(-á/-é) passable ; open
skála *f* rock
skládací folding

skládačka *f* jigsaw puzzle
sklenice *f* glass
sklep *m* cellar
sklo *nt* glass *(substance)*
broušené sklo *nt* cut glass
skopové maso *nt* mutton
skříň *f* wardrobe ; cupboard ; case
skříňka *f* box
skříňka na zavazadla *f* locker
skupina *f* group
sladký(-á/-é) sweet
slaneček *m* pickled herring
slanina *f* bacon
slanina s vejci *f* bacon and eggs
slaný(-á/-é) salty
slavistika *f* Slavonic studies
slavnost *f* festival ; celebration
slavnostní festive
slečna *f* young woman ; Miss
sl. *abbr.* Miss *(formal letter)*
sleď *m* herring
slepice na paprice *f* chicken paprika
sleva *f* reduction ; discount
slipy *pl* briefs
slivovice *f* plum brandy
Slovan *m* Slav
slovanský(-á/-é) Slavic ; Slavonic
Slovák *m* Slovak *(man)*
Slovenka *f* Slovak *(woman)*
Slovensko *nt* Slovakia
slovenský(-á/-é) Slovak
slovenština *f* Slovak *(language)*
slovník *m* dictionary
naučný slovník *m* encyclopedia
slovo *nt* word
složenka *f* postal order
sluchátko *nt* receiver *(telephone)*

slunce *nt* sun
sluneční hodiny *pl* sundial
služba *f* service
smažený(-á/-é) fried
smažené brambůrky *pl* **crisps**
smažené rybí filé *nt* **fried fish fillet**
smažený Hermelín *m* **fried cheese** *(type of Camembert)*
smažený sýr *m* **fried cheese** *(usually Edam)*
smažené žampiony *pl* **fried mushrooms**
směnárenský kurs *m* exchange rate
směnárna *f* bureau de change
směr *m* direction
směrem k... **in the direction of...**
směrovací číslo *nt* postcode
směrovka *f* indicator
směs *f* mixture
smím I can ; I may
nesmím **I mustn't**
smetana *f* cream
smlouva *f* contract
smluvit si schůzku to arrange a meeting
smluvní ceny *pl* unregulated prices
smyk *m* skid
snadný(-á/-é) easy
sněhová závěj *f* snow drift
sněhové řetězy *pl* snow chains
sněžit to snow
snídaně *f* breakfast
sníh *m* snow
snímek *m* picture ; photo
snížení cen *nt* price reduction
sobota *f* Saturday
sodovka *f* soda water
socha *f* statue ; sculpture
sójové boby *pl* soya beans
sójové maso *nt* soya meat
solený(-á/-é) salted
sortiment *m* assortment ; choice
soška *f* statuette

soubor *m* collection
současný(-á/-é) contemporary ; modern
součástka *f* part
součet *m* sum ; total
soukromý(-á/-é) private
souprava končí ve stanici... train terminates at... *(metro)*
sourozenci *pl* brothers and sisters ; siblings
soutěska *f* pass
spací pytel *m* sleeping bag
spací vůz *m* sleeping car
spát to sleep
specialita *f* speciality
spěšnina *f* express parcel
spěšný vlak *m* express train
spišské párky *pl* spicy frankfurters
spodní bottom
spodní prádlo *nt* underwear
spoj *m* connection
spolu together
sportovní hala *f* indoor sports stadium
spořitelna *f* savings bank
spotřební zboží *nt* consumer goods
správce *m* manager ; administrator
sprcha *f* shower
spropitné *nt* tip
srpen *m* August
stadión *m* stadium
stálý(-á/-é) permanent
stan *m* tent
stánek *m* stall ; kiosk
stanice *f* stop *(bus, tram, etc)*
stanoviště taxíků *nt* taxi rank
starožitnictví *nt* antique shop
starý(-á/-é) old
státní state
  státní příslušnost *f* nationality
stavba *f* building ; construction

stěna *f* wall
stezka *f* path ; trail
sto hundred
století *nt* century
strava *f* food ; diet
stroj *m* machine
strom *m* tree
strop *m* ceiling
strouhanka *f* breadcrumbs
středa *f* Wednesday
stříbrný(-á/-é) silver
střih *m* cut
studentský klub *m* students' club
studený(-á/-é) cold
  studená kuchyně *f* cold food
  studené předkrmy *pl* cold starters
studovna *f* reading room
stůl *m* table
stupeň *m* grade ; degree
sušenka *f* biscuit
sušený(-á/-é) dried
suterén *m* basement
svačina *f* snack
svařené víno *nt* mulled wine
svátek *m* festival ; holiday ; name day
svatý(-á/-é) holy ; saint
svět *m* world
světlo *nt* light
světlé pivo *nt* light beer
svetr *m* sweater
svíčková *f* roast sirloin of beef in cream sauce
syn *m* son
synagoga *f* synagogue
sýr *m* cheese
syrečky *pl* very strong cheese
syrový(-á/-é) raw

Š

šálek *m* **cup**
  šálek čaje **cup of tea**
  šálek kávy **cup of coffee**
šampaňské *nt* **champagne**
šampon *m* **shampoo**
šatna *f* **cloakroom**
šaty *pl* **dress**
šedivý(-á/-é) grey
šéf *m* **chief ; boss**
šek *m* **cheque**
šeková knížka *f* **cheque book**
šest six
šípkový čaj *m* **rosehip tea**
široký(-á/-é) wide
škoda *f* **damage ; harm ; pity**
škola *f* **school**
školka *f* **kindergarten**
šlehačka *f* **whipped cream**
šortky *pl* **shorts** *(trousers)*
špagety *pl* **spaghetti**
španělské hovězí plátky *pl* **beef olives**
španělský ptáček stuffed beef roll
špatně badly ; wrong
špatný(-á/-é) bad
špek *m* **bacon fat**
špenát *m* **spinach**
šperk *m* **jewel**
špinavý(-á/-é) dirty
šťastný(-á/-é) happy ; lucky
  šťastnou cestu! **have a good trip!**
  šťastný nový rok! **Happy New Year!**
šťáva *f* **juice ; sauce**
Štědrý den *m* **Christmas Eve**
štěstí *nt* **happiness ; good luck**
šunka *f* **ham**
šunková rolka *f* **ham roll**
švestka *f* **plum**

T

ta *f* this
tabák *m* tobacconist's
tableta *f* tablet ; pill
tábořiště *nt* campsite
tabulka *f* chart ; windowpane
tak so
talíř *m* plate
tampóny *pl* tampons
tarif *m* rate ; tariff
taška *f* bag ; satchel
tatarská omáčka *f* tartare sauce
tavený sýr *m* processed cheese
taxi *nt* taxi
těhotenství *nt* pregnancy
tekoucí horká a studená voda hot and cold running water
telecí maso *nt* veal
  telecí párky *pl* veal frankfurters
telefon *m* telephone
telefonní budka *f* phone box
telefonní číslo *nt* phone number
telefonní karta *f* phonecard
telefonní seznam *m* telephone directory
telefonovat to phone
telegraf *m* telegraph
telegram *m* telegram
televize *f* television
televizor *m* television set
tělocvična *f* gym
ten *m* this
tenis *m* tennis
tenisová raketa *f* tennis racket
tenisový kurt *m* tennis court
teplý(-á/-é) warm
  teplá jídla *pl* hot dishes
  teplé předkrmy *pl* hot starters
termoska *f* flask

T

těstoviny *pl* pasta
těžký(-á/-é) heavy ; difficult
tisíc *m* thousand
tiskací písmena *pl* capital letters
titulek *m* headline ; subtitle
tlak krve *m* blood pressure
tlumočit to interpret
tmavý(-á/-é) dark
to *nt* this
toaletní papír *m* toilet paper
toalety *pl* toilets
točené pivo *nt* beer on tap
tomatový salát *m* tomato salad
topinka fried bread
továrna *f* factory
tradice *f* tradition
tradiční česká kuchyně *f* traditional Czech cuisine
tramvaj *f* tram
trasa *f* line *(metro)* ; route
trh *m* market
tričko *nt* T-shirt
trolejbus *m* trolleybus
tržnice *f* indoor market
tři three
třída *f* avenue ; class ; classroom
třikrát three times
tuk *m* oil ; fat
tunel *m* tunnel
turista *m* tourist
turistická ubytovna *f* hostel
turistický salám *m* popular cheap salami
tužka *f* pencil
tvaroh *m* curd cheese
tvrdý(-á/-é) hard ; heavy
týden *m* week
  tento týden *m* this week
  příští týden *m* next week
týdeník *m* weekly

tykat si to use each other's first names
tykev *f* pumpkin

U

u near ; close ; by ; with
  u nás at our place
ubytování *nt* accommodation
učitel(ka) *m/f* teacher
účtenka *f* bill
ukázat to show
ukazatel *m* signpost
ulice *f* street
  ul. *abbr.* street *(formal letter)*
uměleckoprůmyslové muzeum *nt* museum of applied arts
umělý(-á/-é) artificial ; fake ; man-made
  umělá hmota *f* plastic
umění *nt* art
umět to be able to do ; to know
únava *f* fatigue
unavený(-á/-é) tired
únor *m* February
úraz *m* accident ; injury
úřad *m* office
úřední official
  úřední hodiny *pl* business hours
úschovna zavazadel *f* left-luggage office
ústav *m* institute
úterý *nt* Tuesday
utopence *pl* pickled sausages
uzavřený(-á/-é) closed
  silnice je uzavřena the road is closed
uzenáč *m* kipper
uzenářství *nt* charcuterie
uzená makrela *f* smoked mackerel
uzené maso *nt* smoked meat
uzený sýr *m* smoked cheese
uzeniny *pl* charcuterie
úzký(-á/-é) narrow

V

v in ; at ; on
v březnu in March
v poledne at noon
v sobotu on Saturday
vadný(-á/-é) defective
vafle *pl* waffle
vagón *m* carriage ; coach
vaječný koňak *m* advocaat
vaječný salát *m* egg mayonnaise salad
valuty *pl* hard currency
vanilková zmrzlina *f* vanilla ice-cream
Vánoce *pl* Christmas
o vánocích at Christmas
veselé Vánoce! Merry Christmas!
vánočka *f* sweet Christmas bread
vánoční pečivo *nt* sweets eaten at Christmas
vánoční stromeček *m* Christmas tree
varieté *nt* variety show
vařený(-á/-é) boiled
vařené brambory *pl* boiled potatoes
vařit to cook
váš your ; yours
vata *f* cotton wool
včera yesterday
včetně including ; included
vdaná married *(of woman)*
vdolečky *pl* scones
věc *f* thing ; matter ; cause
večer *nt* evening ; in the evening
dnes večer tonight
zítra večer tomorrow night
večeře *f* dinner ; supper
vědět to know
vedle beside ; next to
vedoucí *m/f* manager
vegetarián *m* vegetarian
vegetariánská jídla *pl* vegetarian dishes

vejce *nt* egg
míchaná vejce *pl* scrambled eggs
vejce na měkko *nt* soft-boiled egg
vejce na tvrdo *nt* hard-boiled egg
věk *m* age
veka *f* French bread
veletrh *m* trade fair
velice very ; greatly
Velikonoce Easter
velikonoční mazanec *m* sweet Easter bread
velikonoční pomlázka *f* Easter carolling whip
velikonoční vajíčka *pl* Easter eggs
velikost *f* size
veliký(-á/-é) big ; large
velkoobchod *m* wholesale
velký(-á/-é) big ; large
velmi very
velmi mnoho very much
velmi krátké vlny *pl* very high frequency
velvyslanec *m* ambassador
velvyslanectví *nt* embassy
ven out
venku outdoor ; in the open air
ventil *m* valve
ventilace *f* ventilation
ventilátor *m* fan
vepřové maso *nt* pork
veřejný(-á/-é) public
veřejné záchodky *pl* public toilets
veselé Vánoce Merry Christmas!
vesnice *f* village
věta *f* sentence
větrání *nt* ventilation
vchod *m* entrance
videokazeta *f* videotape
vidět to see
vidlička *f* fork
víkend *m* weekend
vinárna *f* wine bar

vinný střik *m* wine and soda water
víno *nt* wine
vitamín *m* vitamin
vítr *m* wind
vízum *nt* visa
vjezd *m* drive ; gateway
vláda *f* government
  předseda vlády *m* prime minister
vlak *m* train
vlašský ořech *m* walnut
vlažný(-á/-é) lukewarm
vléct to tow
vlečné lano *nt* tow rope
vlek *m* ski lift
vlevo on/to the left
vlhký(-á/-é) damp
vlna *f* wool
vlněný(-á/-é) woollen
vložky *pl* sanitary towels
voda *f* water
voda po holení *f* aftershave
vodník *m* water-sprite
vodopád *m* waterfall
volant *m* steering wheel
volno *nt* spare time ; free time
volný(-á/-é) free ; loose ; vacant
volné místo *nt* vacancy
volské oko *nt* fried egg
vozidlo *nt* vehicle
  vozidlo v protisměru oncoming vehicle
vozovka *f* road
vpravo on/to the right
vrátnice *f* porter's lodge ; reception
vrátný *m* porter ; security guard
vrch *m* hill
vrchní top ; upper

vstup *m* **entry ; entrance**
vstup volný *m* **admission free**
vstup zakázán *m* **no entry**
vstupenka *f* **ticket** *(for cinema, theatre, etc)*
vstupné *nt* **admission**
vstupné dobrovolné **voluntary contribution**
všechno *nt* **all ; everything**
všechno nejlepší k narozeninám **many happy returns!**
vteřina *f* **second**
vy you *(plural or polite form)*
výborný(-á/-é) excellent
výčep *m* **tap-room**
výdej *m* **issue ; collection**
vyhláška *f* **notice**
vyhlídka *f* **observation point**
vyhlídkový autokar *m* **sightseeing coach**
východ *m* **exit ; east**
výkop *m* **excavation**
výkupní cena *f* **purchasing price**
vypínač *m* **switch**
vyplnit to fill in
vyprodáno sold out
výprodej *m* **clearance ; sale**
vypršet to expire
vysoký(-á/-é) high
vysoká škola *f* **university ; college**
výstaviště exhibition grounds
výstup *m* **exit** *(metro, tram, bus)*
vyšetření *nt* **examination ; check-up**
výtah *m* **lift**
vývrtka *f* **corkscrew**
vyzvednout to claim *(luggage)*
vzduch *m* **air**
vzít to take
vzkaz *m* **message**
vždy always

W

webová stránka web page

Z

z from ; out of
za behind ; beyond
  za týden in a week
zabalit to wrap up
začít to start ; to begin
záda *pl* back
zadarmo free of charge
zadek *m* bottom ; buttocks
zadní back
zahrada *f* garden
zahradní restaurace *f* garden restaurant
zahraniční foreign
záchod *m* toilet ; WC
zájezd *m* excursion ; trip
zajímavý(-á/-é) interesting
zákaz *m* ban ; prohibition
  zákaz předjíždění *m* no overtaking
zákusek *m* dessert ; sweet
zálivka *f* dressing
záloha *f* deposit
zámek *m* mansion ; castle
zánět *m* inflammation
západ *m* west
zápal *m* inflammation
zápalky *pl* matches
zápas *m* fight ; match ; contest
  fotbalový zápas *m* football match
zapečené těstoviny *pl* pasta au gratin
záruční lhůta *f* guarantee
záruční list *m* certificate of guarantee
záruka *f* guarantee
září *nt* September
zasedací síň *f* assembly hall
zástavárna *f* pawn shop

zastávka *f* stop
zastávka na znamení *f* request stop
zastávka dočasně zrušena stop temporarily out of service
zastupitelství *nt* embassy
zatáčka *f* bend ; curve
zátka *f* cork
závada *f* defect
zavařenina *f* jam ; marmalade
zavařený(-á/-é) bottled
zavazadlo *nt* luggage
zavináč *m* rollmop
zavírací doba *f* closing time
zavřeno closed *(sign)*
zázvor *m* ginger
zboží *nt* goods
zdarma free of charge
zde here
zdraví *nt* health
na zdraví! cheers!
zdravotní středisko *nt* health centre
zeď *f* wall
zelenina *f* vegetables
zeleninová obloha *f* garnished with vegetables
zelený(-á/-é) green
zelí *nt* cabbage
zelí dušené na víně *nt* cabbage in wine
země *f* country
zima *f* winter ; cold
zimní stadion *m* winter sports stadium
zítra tomorrow
zlato *nt* gold
zlevnění *nt* price reduction
zlý(-á/-é) bad ; evil
zmrzlina *f* ice cream
zmrzlinový pohár *m* ice-cream sundae
známka *f* stamp ; sign
znát to know
zóna *f* zone

zoologická zahrada *f* zoo
zpáteční jízdenka *f* return ticket
zpoždění *nt* delay
zrnková káva *f* coffee beans
zrušit to cancel ; to call off
ztráta *f* loss
zub *m* tooth
zubař *m* dentist
zubní kartáček *m* toothbrush
zubní pasta *f* toothpaste
zvěrolékař *m* vet
zvěřina *f* game
zvíře *nt* animal

Ž

žádat to ask for
žádný(-á/-é) no
  žádný autobus *m* no bus
žampióny *pl* champignons
žebírko *nt* spare-rib
žehlička *f* iron *(for ironing)*
želé *nt* jelly
železářství *nt* ironmonger's
žena *f* woman ; female ; wife
ženatý married *(of man)*
ženy *pl* ladies' *(toilet)*
žid(ovka) *m/f* Jew
židovský(-á/-é) Jewish
žít to live
život *m* life
životní prostředí *nt* environment
žízeň *f* thirst
žlutý(-á/-é) yellow
žvýkačka *f* chewing gum

GRAMMAR

NOUNS

Czech nouns, unlike English ones, can be masculine *(m)*, feminine *(f)* or neuter *(nt)*, regardless of what they mean: for instance 'girl' is neuter (see below). You can find noun genders in the Czech-English dictionary section. In English most words add '-s' in the plural but in Czech there are various different endings. Here are a few examples to give you a rough idea.

Masculine nouns usually end in a consonant, e.g.

muž	**man**	muži	**men**
hrad	**castle**	hrady	**castles**

Feminine nouns usually end in **a** or **e**, e.g.

žena	**woman**	ženy	**women**
ulice	**street**	ulice	**streets**

Neuter nouns usually end in **o**, **e** or **í**, e.g.

město	**town**	města	**towns**
děvče	**girl**	děvčata	**girls**

Czech has no definite article like **the** or indefinite article like **a**, **an**, although the words **ten ta to ti ty** and **ta** are sometimes used for emphasis, like **this** and **that** in English, e.g.

ten muž	**this man**	ti muži	**these men**
ta žena	**this woman**	ty ženy	**these women**
to město	**this town**	ta města	**these towns**

One of the complications of Czech is that nouns and adjectives appear with different endings (cases) according to the part they play in the sentence. For instance 'Prague' is **Praha** but 'to Prague' is **do Prahy**, while 'in Prague' is **v Praze** and 'from Prague' is **z Prahy**. In the dictionary section we give nouns and adjectives in the nominative form, but don't be surprised to come across the same word with different endings in different contexts. There are seven cases in all, known as nominative, genitive, dative, accusative, vocative, locative and instrumental.

ADJECTIVES

Adjectives agree with (have the same ending as) the noun they refer to i.e. masculine, feminine or neuter, singular or plural, plus the relevant case. The most common endings *(singular nominative)* are -ý *(masculine)*, -á *(feminine)* and -é *(neuter)*. In Czech as in English the adjective goes in front of the noun.

masculine

starý muž — **the old man**

feminine

krásná žena — **the beautiful woman**

neuter

mladé děvče — **the young girl**

MY, YOUR, HIS, HER

Words like **my**, **your**, **his**, **her**, etc. also depend on the gender, case and number of the noun they accompany, e.g.:

masculine	*feminine*	*neuter*	
můj	má, moje	mé, moje	**my**
tvůj	tvá, tvoje	tvé, tvoye	**your** *(singular/informal)*
jeho	jeho	jeho	**his/its**
její	její	její	**her**
náš	naše	naše	**our**
vaš	vaše	vaše	**your** *(plural/polite)*
jejich	jejich	jejich	**their**

Here are some examples of how the word for **my** changes according to the part it plays in the sentence:

můj přítel žije v Praze	**my friend lives in Prague**
dům mého přítele	**the house of my friend**
napsal mému příteli	**he's written to my friend**

PRONOUNS

subject		*object*	
já	**I**	mne/mě	**me**
ty	**you**	tebe/tě	**you**
on	**he**	jeho/ho	**him**
ona	**she**	ji	**her**
ono	**it**	to	**it**
my	**we**	nás	**us**
vy	**you**	vás	**you**
oni/ony	**they**	je/ně	**them**

In Czech, personal pronouns are usually omitted before verbs, since the verb ending is enough to distinguish the person. They are used only to stress the person or to establish the sex of a person, i.e. **he**, **she** (if this isn't clear from the context).

'YOU'

There are two ways of addressing people in Czech, depending on their age, how well you know them and how formal or informal the relationship is. **Vy** is the polite or plural form of 'you', and **ty** is the singular, familiar form, which people change over to only when they know each other well. As a tourist you should stick to using **vy**.

VERBS

Among the most common verbs are **být** (to be), **chtít** (to want), **mít** (to have) and **jít** (to go). Here they are in the present tense:

být	**(to be)**	**chtít**	**(to want)**
(já) **jsem**	**I am**	chci	**I want**
(ty) jsi	**you are**	chceš	**you want**
(on/ona/ono) je	**(s)he, it is**	chce	**(s)he, it wants**
(my) jsme	**we are**	chceme	**we want**
(vy) jste	**you are**	chcete	**you want**
(oni) jsou	**they are**	chtějí	**they want**